Lindt

DESSERT

60 RECETTES GOURMANDES

POUR TOUS LES AMOUREUX DU CHOCOLAT !

Recettes et stylisme de **Marie Elodie Pape**

Photographies de **Fabrice Veigas**

Gestes techniques du **Maître Chocolatier Lindt Arnaud Ragot**

LAROUSSE

L'HISTOIRE DE LINDT & SPRÜNGLI DEPUIS 1845

Vous avez saisi avec gourmandise le familier rectangle recouvert de son fin papier doré ; vous vous apprêtez à l'en déshabiller et déjà son parfum fruité et miraculeusement chaud se répand dans la pièce. Ses effluves vous transportent en Amérique du Sud, il y a trois mille ans, lorsque les précieuses fèves servaient de monnaie d'échange et entraient dans la composition d'une boisson aux vertus thérapeutiques.

Rapportées en Europe par Hernán Cortés au XVIe siècle, elles ne seront appréciées qu'à partir du moment où les religieuses adouciront son amertume grâce au miel. Le naturaliste Linné lui donnera son nom botanique *Theobroma* au XVIIIe siècle : en grec, cela signifie « nourriture des dieux » et reprend l'idée de la mythologie maya selon laquelle le cacao serait une offrande divine, particulièrement saine.

Pourtant, le chemin est encore long avant que l'on ne goûte le chocolat comme une confiserie. À ses débuts, il reste essentiellement utilisé par les pharmaciens, pour les préparations médicinales ; il faut attendre la révolution industrielle, et d'heureuses découvertes, pour que le cacao entame sa lente métamorphose en fins carrés brillants et fondants, qui aujourd'hui émerveillent nos papilles.

La deuxième confiserie à Paradeplatz, Zurich, inaugurée en 1859

DAVID SPRÜNGLI

En 1845, David Sprüngli fait ses premiers pas dans cette immense histoire. Orphelin à huit ans, il rejoint la grande Zurich à l'âge de vingt et un ans, trouve rapidement une place de commis chez un boulanger, puis d'apprenti chez un confiseur. La Suisse, dont la population connaît alors une explosion sans précédent, importe du chocolat par l'intermédiaire des Anglais qui viennent y passer leurs vacances. Elle est loin d'avoir la renommée internationale qu'on lui connaît aujourd'hui. Avec l'aide de ses fils, David Sprüngli reprend une confiserie non loin du lac de Zurich et y commercialise la première barre de chocolat solide de la Suisse germanophone. Le succès est immédiat : plus facilement transportable et partageable, l'ancêtre de notre tablette rencontre ses premiers adeptes. Mais elle reste dure et friable, loin de la texture lisse, soyeuse et gourmande actuelle.

LA MACHINE À CONCHER DE RODOLPHE LINDT

Il faut attendre l'année 1879 pour que ce qui a pour nous le goût d'un petit miracle se produise. Nous sommes un vendredi dans les rues de Berne ; le soir tombe doucement sur la ville médiévale ; un chocolatier du nom de Rodolphe Lindt quitte son atelier sans éteindre sa machine à broyer. Lorsqu'il revient le lundi au petit matin, il y découvre une pâte fluide, rappelant les teintes dorées que prennent les eaux de la rivière avant la nuit, et si onctueuse qu'il peut la couler dans des moules au lieu de la presser. Le conchage, invention qui révolutionnera à jamais l'histoire du chocolat, est né. De cette technique, qui consiste à rallonger drastiquement le temps de broyage des fèves avec le beurre de cacao, la masse de cacao et le lait en poudre, on ne saura jamais si elle est le fruit d'un heureux oubli ou d'un éclair de génie. Mais lorsqu'un morceau suave fond lentement dans notre palais, nous remercions silencieusement Rodolphe Lindt de son geste, volontaire ou non.

Johann Rudolf Sprüngli, petit-fils de David et héritier de l'usine familiale, a le palais assez fin pour comprendre le caractère inédit de ce procédé, qui en effet révolutionna l'histoire du chocolat. Marchant le long de l'Aare turquoise par une belle matinée, il se rend donc chez Rodolphe Lindt pour lui proposer de racheter son entreprise, à la condition qu'ils restent partenaires. C'est ainsi qu'est née la société Lindt & Sprüngli, scellant l'union de deux passionnés suisses, en 1899.

LE LANCEMENT DE PRODUITS EMBLÉMATIQUES

L'usine à Kilchberg, Zurich, vers 1900

Malgré les guerres qui déchirent le monde, la société a su se maintenir, et même croître peu à peu. Pour réchauffer le cœur des citoyens, une nouvelle création voit le jour en 1949 : *LINDOR*. D'apparence ferme, il renferme une garniture crémeuse – rappelant la texture de l'or fondu. D'abord vendu sous forme de tablette, il prend la forme d'une bouchée toute en rondeur que nous lui connaissons vingt ans plus tard, sublimant les fêtes de Noël de sa petite papillote rouge.

En 1952, naît *LAPIN OR*, qu'un Maître Chocolatier allemand avait créé pour sa fille à Pâques, recouvert de sa feuille brillante avec son petit grelot. Un travail précurseur sur la forme, composante essentielle du chocolat, qui aurait été impensable sans ce fameux conchage permettant le moulage de la matière.

La tablette Lindor en 1957

DE LA FÈVE À LA TABLETTE

Un œil curieux, qui se glisserait dans les ateliers de fabrication de la marque, y verrait que tout le travail passionné est orchestré par les Maîtres Chocolatiers qui réinventent pour chacune d'elles tout le processus de création.

Certes, les gourmands les plus avertis connaissent les trois grandes variétés de cacao : la Forastero, dont la culture est concentrée en Afrique de l'Ouest, la Trinitario et la Criollo, plus spécifiques à l'Amérique du Sud et aux Antilles, chacune ayant son profil aromatique. Mais si leurs proportions dans les différentes recettes constituent l'un des secrets du Maître Chocolatier, ce n'est pas la seule composante déterminant la saveur finale du chocolat.

Une fois la cabosse cueillie, les fèves sont récoltées et passent par une première étape de fermentation, qui permet de développer leur qualité gustative. Séchées et triées, elles sont ensuite sélectionnées par des sourceurs qui savent juger de leurs différentes qualités. Ils entrent dans l'exigence de traçabilité des fèves, devenue un impératif actuel, mais qui était déjà au cœur des problématiques de l'entreprise en 2008. Elle développe son Cocoa Farming Program au Ghana d'abord, puis peu à peu dans les autres pays producteurs. L'objectif d'un approvisionnement totalement traçable des fèves de cacao est atteint en 2020 : une gageure pour une entreprise d'une telle envergure, qui reconnaît sa responsabilité dans la filière.

Mais le programme est plus ambitieux encore : outre la traçabilité, il met en place le regroupement des cultivateurs afin de favoriser le partage des connaissances ; la formation agricole, environnementale, sociale et commerciale ; des soutiens et investissements financiers ; mais également l'aide aux communautés locales pour l'accès aux besoins essentiels tels que l'eau et l'éducation. Un organisme indépendant est mobilisé afin de s'assurer de la bonne évolution de ce programme par des visites annuelles de l'ensemble des cultivateurs.

Enfin, la Lindt Cocoa Foundation est créée en 2013 dans le but de garantir le caractère durable de la culture, de la production et de la fabrication du cacao, tant au niveau social qu'écologique.

Et la petite histoire du chocolat ne s'arrête pas là : les fèves ne sont pas encore cette bouchée lisse qui fond dans notre palais. La torréfaction et le broyage, qui permettent d'aboutir à une pâte liquide appelée la « masse » de cacao, en sont des étapes essentielles, qui ont une grande influence sur la saveur finale. Si la majorité des acteurs laissent cette étape à des usines externes, Lindt & Sprüngli reste l'une des rares entreprises à maîtriser l'ensemble du processus de transformation, allant même jusqu'à torréfier elle-même les noisettes qui entrent dans la composition de ses chocolats. Une caractéristique distinctive qui fait partie de son identité, autant que la fameuse étape du conchage, découverte de Rodolphe Lindt, à présent employée par les chocolatiers du monde entier.

Une cabosse peut contenir jusqu'à 40 fèves de cacao

LE MAÎTRE CHOCOLATIER LINDT ARNAUD RAGOT

Sélection et sourçage des fèves de cacao, torréfaction, broyage et conchage, sont les étapes nécessaires à la fabrication de tout chocolat. Créer une nouvelle recette implique d'en déterminer les différents paramètres, qui permettront d'aboutir à une création unique et savoureuse. D'autres étapes sont ensuite nécessaires, telles que le tempérage – chauffage à deux reprises du chocolat, qui permet la bonne diffusion du beurre de cacao –, à l'origine du fini brillant. Chaque atelier de fabrication Lindt & Sprüngli a ainsi son propre Maître Chocolatier, qui pense et expérimente ses idées créatives. Formé au savoir-faire suisse, il insuffle cependant à la marque sa touche personnelle. En France, où 70 % des chocolats vendus localement sont fabriqués à Oloron-Sainte-Marie, c'est Arnaud Ragot qui dirige l'équipe de développement des chocolats et forme des apprentis à ce savoir-faire unique, avec une passion évidente. Un travail collectif qui consiste notamment à créer de nouvelles recettes, des combinaisons de saveurs inédites, et à améliorer sans cesse les formules déjà existantes.

Cet amoureux du chocolat, qui lui a déjà consacré vingt-quatre ans de sa vie, apprécie notamment cette maîtrise de la chaîne de production chère à Lindt & Sprüngli : elle lui permet d'explorer son art dans sa globalité et de libérer réellement sa créativité. Mais c'est également l'ancrage dans un savoir-faire historique qui lui apparaît comme un privilège, qu'il peut transmettre à son apprenti. Sa plus grande fierté ? Voir ses créations en boutique, appréciées par des millions de personnes : l'aboutissement d'un processus collaboratif immense, qui prend en compte de nombreux acteurs.

Dans ce livre, vous allez découvrir 60 recettes pour toutes les occasions, élaborées avec les divers chocolats Lindt, notamment les tablettes de la gamme *Lindt DESSERT*, spécialement conçues pour la pâtisserie, et offrant des nuances de taux de cacao, allant du 70 % au lait en passant par le 51 %, pour varier l'intensité de vos desserts. Pour des desserts de caractère, aux notes intensément cacaotés, le Maître Chocolatier Arnaud Ragot vous conseille d'utiliser dans vos préparations la tablette *Lindt DESSERT Noir Intense 70 % Cacao*. En plus des recettes, le Maître Chocolatier vous explique en pas à pas comment reproduire les gestes techniques professionnels à la maison. De quoi pâtisser comme un chef !

SOMMAIRE

DESSERTS

Fondant au chocolat....10
Moelleux chocolat crème de marrons....12
Moelleux au chocolat....14
Mini-moelleux chocolat-courgette....16
Cœur coulant au chocolat au lait....18
Cœur coulant au caramel au beurre salé....20
Cœur coulant au fruit de la Passion....22
La technique du Maître Chocolatier Lindt : Faire fondre du chocolat au bain-marie....24
Flan chocolat noir....26
Charlotte au chocolat....28
Crumble poire, noix et chocolat....30
Tarte au chocolat....32
Tarte Bourdaloue au chocolat....36
Tarte rustique bananes-chocolat....38
Tarte chocolat-caramel....40
Crème brûlée au chocolat....44
Petits choux au chocolat au lait....46
Mousse au chocolat noir et crêpes dentelle....50
Crème au chocolat noir et agrumes....52
Crème au chocolat façon mendiant....54
Liégeois au chocolat....56
Fondue au chocolat....58
Cheesecake au chocolat....62

GOÛTERS

Muffins chocolat noir-orange....68
Cookies chocolat noir-noisettes....70
Cookies chocolat au lait-amandes....74
Madeleines coque au chocolat....76
Madeleines aux pépites de chocolat....78
Financiers aux pépites de chocolat....80
Cannelés au chocolat....82
Brownie aux noix de pécan....86
Brownie blond chocolat-café....88
Brookie....90
Rochers coco....92
Sablés tout chocolat....94
Sablés type domino....96
Spritz....98
Marbré....100
Zebra cake....102
Quatre-quarts aux pépites de chocolat....104
Cake banane-chocolat....106
Chouquettes aux pépites de chocolat....108

PETITS DÉJEUNERS ET BRUNCHS

Muffins chocolat au lait-noisette 114
Scones aux pépites de chocolat 116
Granola au chocolat 118
Barres de chocolat 122
Gaufres au chocolat 124
Crêpes au chocolat 126
Pâte à tartiner 128
La technique du Maître Chocolatier Lindt : Tempérer du chocolat 130
Babka chocolat-noisettes 132
Pancakes au chocolat 136
Chocolat chaud 138

DESSERTS FESTIFS

Gâteau d'anniversaire lapin 142
La technique du Maître Chocolatier Lindt : Faire du praliné 144
Bûche roulée chocolat-noisettes 146
La technique du Maître Chocolatier Lindt : Faire des décors en chocolat : les copeaux et les carrés 150
La technique du Maître Chocolatier Lindt : Faire des décors en chocolat : l'écriture au cornet 152
Sablés de Noël chocolat-épices 154
Truffes au chocolat 156
Nid de Pâques chocolat-caramel 160
Profiteroles 162
Semifreddo 164
Pavlova façon forêt noire 166
Bundt cake chocolat-noisettes 168

DESSERTS

FONDANT AU CHOCOLAT

POUR 8 PERSONNES

Temps de préparation : 15 minutes
Temps de cuisson : 25 minutes

INGRÉDIENTS

200 g de chocolat noir (51 %) • 150 g de beurre doux
125 g de sucre • 3 œufs • 50 g de farine

MATÉRIEL

Moule à cake de 26 cm

1. Préchauffez le four à 150 °C (th. 5).
2. Dans une casserole, faites fondre le beurre et le chocolat cassé en morceaux en remuant régulièrement pour ne pas que cela accroche.
3. Hors du feu, ajoutez le sucre et mélangez bien.
4. Puis ajoutez les œufs et la farine en alternance. Mélangez bien jusqu'à obtenir une pâte lisse et homogène.
5. Versez dans un moule préalablement beurré ou chemisé, puis enfournez pour 25 minutes environ.
6. Le gâteau est cuit lorsqu'il est fondant à cœur : le gâteau doit rester collé sur la lame du couteau.

MOELLEUX CHOCOLAT CRÈME DE MARRONS

POUR 10 PERSONNES

Temps de préparation : 15 minutes
Temps de cuisson : 30 minutes

INGRÉDIENTS

100 g de chocolat noir (51 %) • 100 g de beurre demi-sel
500 g de crème de marrons de l'Ardèche • 3 œufs

MATÉRIEL

Moule de 20 cm de diamètre

1. Préchauffez le four à 150 °C (th. 5).
2. Dans une casserole, faites fondre le chocolat et le beurre à feu doux.
3. Dans un saladier, fouettez les œufs et la crème de marrons pour obtenir un mélange homogène.
4. Ajoutez le mélange fondu chocolat-beurre et mélangez bien.
5. Versez la préparation dans un moule beurré et fariné et enfournez pour 30 minutes.

MOELLEUX AU CHOCOLAT

POUR 8 PERSONNES

Temps de préparation : 15 minutes
Temps de cuisson : 30 minutes

INGRÉDIENTS

200 g de chocolat noir (51 %) • 125 g de beurre • 4 œufs • 125 g de sucre
125 g de farine • 1 sachet de levure • 20 g de cacao en poudre

MATÉRIEL

Moule de 20 cm de diamètre

1. Préchauffez le four à 180 °C (th. 6).
2. Dans une casserole, faites fondre à feu doux le chocolat et le beurre coupé en petits morceaux.
3. Séparez les blancs des jaunes d'œufs et mélangez les jaunes avec le sucre jusqu'à ce que le mélange soit mousseux. Ajoutez le mélange beurre-chocolat fondu et mélangez bien.
4. Ajoutez la farine et la levure.
5. Montez les blancs en neige ferme et incorporez-les délicatement au mélange précédent.
6. Versez le tout dans un moule beurré et enfournez pour 25 à 30 minutes en surveillant la cuisson. La lame d'un couteau doit ressortir sèche.
7. Laissez refroidir et décorez-le avec du cacao en poudre.

LINDOR
Lindt

MINI-MOELLEUX CHOCOLAT-COURGETTE

POUR 10 PERSONNES

Temps de préparation : 15 minutes
Temps de cuisson : 25 minutes

INGRÉDIENTS

200 g de chocolat noir (51 %) • 1 courgette (200 g environ)
4 œufs • 75 g de sucre cassonade • 20 g de poudre d'amandes
30 g de Maïzena® • 1/2 sachet de levure chimique • Fleur de sel

MATÉRIEL

Moules en silicone de 7 cm de diamètre

1. Préchauffez le four à 180 °C (th. 6).
2. Faites fondre le chocolat au bain-marie.
3. Épluchez puis râpez la courgette, et pressez-la pour retirer l'eau.
4. Battez les œufs et le sucre jusqu'à ce que le mélange blanchisse.
5. Incorporez-y le chocolat fondu et la courgette, puis mélangez bien.
6. Ajoutez alors la poudre d'amandes, la Maïzena®, la levure et la fleur de sel.
7. Versez dans les moules beurrés et enfournez pour 25 minutes.

CŒUR COULANT AU CHOCOLAT AU LAIT

POUR 4 COULANTS

Temps de préparation : 15 minutes
Temps de repos : 2 heures • Temps de cuisson : 10 minutes

INGRÉDIENTS

140 g de chocolat noir (51 %) • 50 g de sucre roux • 4 œufs • 30 g de farine
25 g de Maïzena® • 1 pincée de sel • 110 g de beurre • 40 g de crème liquide

Pour le cœur chocolat au lait : 40 ml de crème liquide • 50 g de chocolat lait

MATÉRIEL

Cercles de 6 cm de diamètre
Plaque de demi-sphères en silicone ou bac à glaçons

1. Préparez la ganache au chocolat au lait pour le cœur : portez la crème à ébullition et versez-la sur le chocolat au lait coupé grossièrement et mélangez avec une maryse. Remplissez les demi-sphères de ganache et laissez prendre 2 heures minimum au congélateur.
2. Préchauffez le four à 200 °C (th. 6-7).
3. Mélangez le sucre et les œufs jusqu'à ce que le mélange blanchisse. Ajoutez-y la farine, la Maïzena® et le sel, puis mélangez jusqu'à obtenir une pâte homogène.
4. Pendant ce temps, faites fondre au bain-marie tiède le chocolat, le beurre et la crème liquide. Le chocolat ne doit pas trop prendre en température.
5. Incorporez le chocolat fondu au mélange précédent œufs-sucre-farine et mélangez jusqu'à obtenir une pâte lisse.
6. Remplissez des cercles préalablement beurrés et chemisés de papier cuisson de la préparation aux deux tiers de leur hauteur. Insérez 2 demi-sphères de ganache au chocolat au lait congelées, puis remplissez avec de la pâte jusqu'aux deux tiers restants de la hauteur des cercles.
7. Enfournez pour 10-12 minutes selon votre four et surveillez la cuisson. Le dessus des coulants doit être à peine cuit. Démoulez-les délicatement et servez-les aussitôt, pour que le cœur reste coulant.

Astuce

La cuisson est à adapter en fonction de votre four : plutôt 6-7 minutes dans un four à chaleur tournante et 9-11 minutes dans un four classique.

CŒUR COULANT AU CARAMEL AU BEURRE SALÉ

POUR 4 COULANTS

Temps de préparation : 15 minutes
Temps de repos : 2 heures • Temps de cuisson : 10 minutes

INGRÉDIENTS

140 g de chocolat noir (51 %) • 50 g de sucre roux • 4 œufs
30 g de farine • 25 g de Maïzena® • 1 pincée de sel
110 g de beurre demi-sel • 40 g de crème liquide

Pour le cœur au caramel : 60 g de caramel au beurre salé en pot

MATÉRIEL

Cercles de 6 cm de diamètre
Plaque de demi-sphères en silicone ou bac à glaçons

1. Préparez le cœur au caramel au beurre salé : versez le caramel au beurre salé dans les demi-sphères avant de les laisser prendre 2 heures minimum au congélateur.
2. Préchauffez le four à 200 °C (th. 6-7).
3. Mélangez le sucre et les œufs jusqu'à ce que le mélange blanchisse. Ajoutez-y la farine, la Maïzena® et le sel, et mélangez jusqu'à obtenir une pâte homogène.
4. Pendant ce temps, faites fondre au bain-marie tiède le chocolat, le beurre et la crème liquide. Le chocolat ne doit pas trop prendre en température.
5. Incorporez le chocolat fondu au mélange précédent œufs-sucre-farine et mélangez jusqu'à obtenir une pâte lisse.
6. Remplissez des cercles préalablement beurrés et chemisés de papier cuisson de la préparation à la moitié de la hauteur. Insérez 2 demi-sphères de caramel au beurre salé, puis remplissez avec de la pâte jusqu'aux deux tiers restants de la hauteur des cercles.
7. Enfournez pour 8-10 minutes selon votre four et surveillez la cuisson. Le dessus des coulants doit être à peine cuit. Démoulez-les délicatement et servez-les aussitôt, pour que le cœur reste coulant.

CŒUR COULANT AU FRUIT DE LA PASSION

POUR 4 COULANTS

Temps de préparation : 15 minutes
Temps de repos : 2 heures • Temps de cuisson : 10 minutes

INGRÉDIENTS

140 g de chocolat noir (51 %) • 50 g de sucre roux • 4 œufs • 30 g de farine
25 g de Maïzena® • 110 g de beurre doux • 40 g de crème liquide

Pour le cœur fruit de la Passion : 100 g de pulpe de fruits de la Passion (environ 4 fruits de la Passion) • 75 g de sucre • 35 g de sirop de sucre

MATÉRIEL

Cercles de 6 cm de diamètre
Plaque de demi-sphères en silicone ou bac à glaçons

1. Préparez le cœur fruit de la Passion : coupez les fruits de la Passion en deux et récupérez la pulpe. Versez cette dernière dans une casserole à fond épais avec les 75 g de sucre et faites cuire en remuant régulièrement jusqu'à ce que la préparation se détache du fond. Mixez le résultat obtenu et ajoutez-y le sirop de sucre (50 g d'eau et de sucre amené à ébullition). Versez le tout dans les demi-sphères avant de les laisser prendre 2 heures minimum au congélateur.
2. Préchauffez votre four à 200 °C (th. 6-7).
3. Mélangez le sucre et les œufs jusqu'à ce que le mélange blanchisse. Ajoutez-y la farine, la Maïzena® et le sel, et mélangez jusqu'à obtenir une pâte homogène.
4. Pendant ce temps, faites fondre au bain-marie tiède le chocolat, le beurre et la crème liquide. Le chocolat ne doit pas trop prendre en température.
5. Incorporez le chocolat fondu au mélange précédent œufs-sucre-farine et mélangez jusqu'à obtenir une pâte lisse.
6. Remplissez des cercles préalablement beurrés et chemisés de papier cuisson de la préparation à la moitié de la hauteur. Insérez 2 demi-sphères de cœur fruit de la Passion, puis remplissez avec de la pâte jusqu'aux deux tiers restants de la hauteur des cercles.
7. Enfournez pour 8-10 minutes selon votre four et surveillez la cuisson. Le dessus des coulants doit être à peine cuit. Démoulez-les délicatement et servez-les aussitôt, pour que le cœur reste coulant.

La technique du Maître Chocolatier Lindt :

FAIRE FONDRE DU CHOCOLAT AU BAIN-MARIE

INGRÉDIENTS

1 tablette de chocolat
noir intense (70 %)

LE MATÉRIEL

Bol résistant à la chaleur
Casserole
Spatule

1

Cassez le chocolat en petits carrés et mettez-les dans un bol résistant à la chaleur. Pour gagner du temps, précassez la tablette dans son emballage en la tapant sur votre plan de travail.

2

Versez de l'eau au tiers de la hauteur de la casserole, placez-y votre récipient avec le chocolat et faites chauffer sur feu moyen. L'eau doit être frémissante. Mélangez régulièrement à la spatule jusqu'à ce que le chocolat soit complètement fondu.

3

Pour faire fondre le chocolat au micro-ondes, mettez les petits carrés dans un bol en verre. Faites chauffer pendant 35 secondes à puissance minimale. Remuez le chocolat avec une spatule en bois. Replacez le bol au micro-ondes pendant encore 20 secondes. Remuez puis renouvelez l'opération jusqu'à ce que le chocolat soit totalement fondu.

Pour faire fondre le chocolat au four, mettez le chocolat dans un récipient allant au four et faites chauffer pendant 15 à 45 minutes à 45 °C (th. 1-2). La durée dépend de la quantité de chocolat. Laissez quelques minutes, puis sortez le chocolat et remuez à la spatule en bois.

FLAN CHOCOLAT NOIR

POUR 8 À 10 PERSONNES

Temps de préparation : 15 minutes
Temps de cuisson : 45 minutes • Temps de repos : 3 heures

INGRÉDIENTS

Pour la pâte brisée : 150 g de farine • 75 g de beurre
50 g d'eau • 2 cuil. à café de sucre • 1/4 de cuil. à café de sel

Pour l'appareil à flan : 150 g de chocolat noir (51 %) • 6 jaunes d'œufs • 110 g de sucre
20 g de farine • 25 g de Maïzena® • 500 g de lait • 150 g de crème entière liquide

MATÉRIEL

Robot pâtissier muni de la feuille • Moule de 20 cm de diamètre

1. Commencez par préparer la pâte : déposez tous les ingrédients dans le bol du robot et mélangez avec la feuille quelques minutes jusqu'à former une boule. Emballez la boule dans du film alimentaire et réservez au moins 30 minutes au frais.
2. Préchauffez le four à 175 °C (th. 5-6).
3. Concassez grossièrement le chocolat.
4. Sortez la pâte du frigo et étalez-la, puis foncez le moule en accompagnant bien la pâte jusqu'au fond. Laissez-la reposer au congélateur.
5. Préparez maintenant l'appareil à flan : dans un saladier, mélangez au fouet les jaunes d'œufs et le sucre. Ajoutez la farine et la Maïzena®.
6. Dans une casserole, faites chauffer le lait, la crème et le chocolat jusqu'à la première ébullition.
7. Versez une petite partie de ce mélange sur les œufs pour les délayer et reversez le tout dans la casserole, faites épaissir 1 à 2 minutes à feu assez fort pour obtenir une consistance un peu épaisse (de crème pâtissière).
8. Sortez la pâte du congélateur et versez l'appareil à flan dessus, lissez la surface et enfournez.
9. Au bout de 15 minutes de cuisson, baissez la température du four à 160 °C (th. 5-6), puis continuez la cuisson 25 minutes environ.
10. Mettez au frigo 3 heures minimum avant de déguster.

CHARLOTTE AU CHOCOLAT

POUR 8 À 10 PERSONNES

Temps de préparation : 20 minutes
Temps de repos : 3 heures

INGRÉDIENTS

Pour la mousse : 200 g de chocolat (51 %)
80 g de beurre • 6 œufs • 300 g de biscuits à la cuillère

Pour le sirop : 50 g d'eau • 70 g de sucre • 1 cuil. à café de rhum

Pour la décoration : 20 g de chocolat noir intense (70 %)

MATÉRIEL

Moule à bord haut de 22 cm de diamètre

1. Commencez par préparer la mousse au chocolat : dans une casserole à feu doux, faites fondre le chocolat et le beurre.
2. Séparez les blancs des jaunes d'œufs.
3. Ajoutez le mélange beurre-chocolat aux jaunes d'œufs, puis incorporez les blancs montés en neige délicatement.
4. Préparez le sirop : portez à ébullition l'eau, le sucre et le rhum et faites bouillir 2-3 minutes. Réservez.
5. Passez au montage du gâteau : dans un moule, trempez les biscuits à la cuillère dans le sirop et déposez-les dans le moule pour faire le fond et le tour du gâteau.
6. Ajoutez la moitié de la mousse au chocolat, une nouvelle couche de biscuits et finissez avec le reste de la mousse au chocolat.
7. Réservez au frais au moins 3 heures.
8. Saupoudrez de copeaux de chocolat avant de déguster.

CRUMBLE POIRE, NOIX ET CHOCOLAT

POUR 8 PERSONNES

Temps de préparation : 15 minutes
Temps de cuisson : 35 minutes

INGRÉDIENTS

100 g de chocolat noir 51 % • 50 g de poudre d'amandes
90 g de farine • 60 g de flocons d'avoine • 100 g de sucre blond
120 g de beurre pommade • 50 g de noix
4 poires épluchées et coupées en morceaux

1. Préchauffez le four à 180 °C (th. 6).
2. Dans un saladier, mélangez la poudre amandes, la farine, les flocons d'avoine, le sucre blond, le beurre et mélangez avec vos doigts jusqu'à l'obtention d'une pâte sableuse.
3. Concassez grossièrement le chocolat et les noix.
4. Dans le plat, répartissez les poires, le chocolat et les noix. Ajoutez le crumble par-dessus.
5. Enfournez pour 30-35 minutes, puis servez tiède ou froid.

TARTE AU CHOCOLAT

POUR 8 À 10 PERSONNES

Temps de préparation : 30 minutes
Temps de cuisson : 30 minutes • Temps de repos : 30 minutes

INGRÉDIENTS

Pour la pâte sucrée : 125 g de farine • 50 g de sucre glace
50 g de beurre • 30 g d'œufs • 2 g de sel

Pour la crème au chocolat : 135 g de chocolat (51 %) • 70 g de crème liquide
70 g de lait • 25 g de sucre • 50 g d'œufs • 25 g de jaune d'œuf

Pour le décor : copeaux de chocolat et noisettes concassées

MATÉRIEL

Moule carré de 21 cm de côté

1. Commencez par préparer la pâte : dans la cuve d'un robot ou sur le plan de travail, mélangez la farine et le sucre glace. Ajoutez le beurre coupé en morceaux et mélangez du bout des doigts (ou avec la feuille), jusqu'à l'obtention d'une pâte sableuse.
2. Dans un bol, fouettez l'œuf et le sel. Puis ajoutez ce mélange au sablage. Formez une boule et réservez au frais au moins 30 minutes.
3. Préchauffez le four à 170 °C (th. 5-6).
4. Pendant ce temps, préparez la crème au chocolat : déposez le chocolat cassé en morceaux dans le four qui préchauffe pour le faire fondre doucement.
5. Dans une casserole, faites chauffer la crème, le lait et le sucre et stoppez avant l'ébullition. Versez cette préparation sur le chocolat fondu et mélangez avec une maryse en partant du centre pour que le mélange s'amalgame bien.
6. Puis ajoutez les œufs (œufs entiers et jaune) et mélangez à nouveau en partant du centre pour obtenir un mélange lisse et brillant (au besoin, vous pouvez mixer légèrement au mixeur plongeant). Réservez.
7. Une fois la pâte refroidie, étalez-la et foncez un moule ou un cercle, puis faites-la cuire à blanc (ajoutez des haricots ou un poids) pendant 20 minutes.
8. Une fois cuite, laissez-la refroidir un peu, puis versez l'appareil au chocolat dessus et enfournez pour environ 10 minutes (la tarte est cuite quand l'appareil gonfle légèrement sur les côtés).
9. Avant de servir, décorez la tarte avec des copeaux de chocolat et des noisettes concassées.

Lindt
DESSERT
200g
DESSERT LAIT EXTRA FONDANT

TARTE BOURDALOUE AU CHOCOLAT

POUR 6 À 8 PERSONNES

Temps de préparation : 30 minutes
Temps de repos : 1 heure • Temps de cuisson : 25-30 minutes

MATÉRIEL

Cercle ou moule de 22 cm de diamètre

INGRÉDIENTS

Pour le fond de tarte : 125 g de farine • 50 g de sucre glace
50 g de beurre • 30 g d'œuf • 1 g de sel

Pour la crème d'amande au chocolat : 50 g de beurre pommade
50 g de sucre • 40 g d'œuf • 50 g de poudre d'amandes
5 g de farine • 15 g de cacao en poudre non sucré
5 demi-poires au sirop • 20 g d'amandes effilées

1. Commencez par préparer la pâte. Dans un saladier, mélangez la farine et le sucre glace, ajoutez le beurre coupé en morceaux et mélangez du bout des doigts pour obtenir une pâte sableuse.
2. Dans un bol, fouettez l'œuf et le sel. Ajoutez-les au mélange précédent et mélangez jusqu'à l'obtention d'une boule. Laissez reposer 30 minutes au frais.
3. Préparez la crème d'amande au chocolat : mélangez au fouet dans un saladier le beurre pommade et le sucre. Ajoutez l'œuf, puis incorporez la poudre d'amandes et mélangez à nouveau pour obtenir une pâte homogène. Finissez avec la farine et le cacao tamisés. Réservez au frais.
4. Sortez la pâte du frigo, étalez-la entre 2 feuilles de papier cuisson puis foncez un cercle ou un moule.
5. Laissez refroidir 30 minutes au frigo.
6. Découpez les 5 demi-poires en fines lamelles.
7. Préchauffez le four à 180 °C (th. 6).
8. Sortez le cercle du frigo, garnissez le fond de tarte de la crème d'amande au chocolat et déposez les poires en fleurs, puis enfournez pour 30 minutes.
9. Une fois la tarte refroidie, saupoudrez-la d'amandes effilées.

TARTE RUSTIQUE BANANES-CHOCOLAT

POUR 6 À 8 PERSONNES

Temps de préparation : 30 minutes
Temps de repos : 2 heures • Temps de cuisson : 30 minutes

INGRÉDIENTS

Pour la pâte : 250 g de farine • 80 g de sucre
125 g de beurre • 1 œuf • 1 pincée de sel

Pour la préparation bananes-chocolat : 50 g de chocolat noir 70 %
5 bananes • 15 g de beurre • 90 g de sucre roux
2 cuil. à soupe de jus de citron
40 g de poudre de noisettes • 10 g de noisettes

Pour la dorure : 1 jaune d'œuf

1. Commencez par préparer la pâte. Dans un saladier ou directement sur le plan de travail : versez la farine et le sucre, ajoutez le beurre coupé en morceaux, puis mélangez du bout des doigts jusqu'à obtenir une consistance sableuse.
2. Faites un puits au centre et ajoutez l'œuf préalablement battu avec le sel. Mélangez bien et formez une boule, aplatissez-la et emballez-la dans du film alimentaire. Placez-la 2 heures au frigo.
3. Préchauffez le four à 180 °C (th. 6).
4. Préparez les bananes : épluchez-les et coupez-les en deux dans le sens de la longueur. Dans une poêle, faites chauffer le beurre et déposez les bananes, le sucre et le jus de citron, laissez cuire à feu très doux environ 5 minutes en retournant à mi-cuisson. Réservez le jus de cuisson.
5. Étalez la pâte sur une feuille de papier cuisson. Saupoudrez-la de poudre de noisettes, en laissant un bord de 4 cm environ : déposez les bananes dessus et arrosez du jus de cuisson. Rabattez les bords de la pâte sur la garniture, badigeonnez les bords de jaune d'œuf battu et enfournez pour 25 à 30 minutes.
6. Pendant ce temps, faites fondre le chocolat au bain-marie. Une fois cuite, sortez la tarte du four et déposez du chocolat fondu dessus puis parsemez de noisettes concassées.

TARTE CHOCOLAT-CARAMEL

POUR 6 À 8 PERSONNES

Temps de préparation : 45 minutes
Temps de repos : 1 h 50 • Temps de cuisson : 30 minutes

INGRÉDIENTS

Pour la pâte : 115 g de farine • 10 g de cacao en poudre
40 g de sucre glace • 1 g de sel • 60 g de beurre • 20 g d'œuf

Pour le caramel : 170 g de sucre en poudre
Quelques gouttes de jus de citron • 135 g de crème liquide • 35 g de beurre

Pour la ganache au chocolat : 180 g de chocolat noir
180 g de crème liquide • 35 g de beurre doux

MATÉRIEL

Moule de 22 cm de diamètre

1. Commencez par préparer la pâte : dans un saladier (ou dans la cuve du robot muni de la feuille), mettez la farine et le cacao tamisés. Ajoutez le sucre glace, le sel et le beurre en morceaux.
2. Mélangez du bout des doigts pour obtenir une consistance sableuse. Ajoutez l'œuf battu et mélangez jusqu'à l'obtention d'une pâte homogène.
3. Formez une boule et laissez-la reposer 30 minutes au frigo, puis abaissez-la et foncez-la dans un cercle. Réservez de nouveau 20 minutes au frigo.
4. Préchauffez le four à 170 °C (th. 5-6) et enfournez le fond de tarte pendant 20 à 30 minutes. Laissez refroidir.
5. Préparez le caramel. Dans une casserole, versez le sucre et quelques gouttes de jus de citron. Laissez cuire jusqu'à ce que le sucre commence à fondre et atteigne une belle couleur dorée.

TARTE CHOCOLAT-CARAMEL

Suite de la recette

6. En même temps, faites chauffer la crème liquide et ajoutez-la bien chaude au caramel. Faites chauffer tout en remuant pour que la crème soit bien incorporée au caramel.
7. Hors du feu, laissez refroidir environ 5 minutes, puis ajoutez le beurre froid, mélangez bien et réservez.
8. Garnissez le fond de tarte cuit de ce caramel.
9. Enfin, préparez la ganache. Dans un saladier, placez le chocolat coupé en morceaux.
10. Faites chauffer la crème liquide jusqu'à voir apparaître des petites bulles, versez-la sur le chocolat en une seule fois. Attendez quelques secondes, puis mélangez délicatement à la maryse pour éviter les bulles d'air.
11. Ajoutez le beurre en morceaux et mélangez bien.
12. Versez la ganache sur le caramel.
13. Laissez reposer au moins 1 heure à température ambiante avant dégustation.

Lindt
DESSERT

CRÈME BRÛLÉE AU CHOCOLAT

POUR 6 PERSONNES

Temps de préparation : 15 minutes
Temps de cuisson : 45 minutes • Temps de repos : 1 nuit

INGRÉDIENTS

100 g de chocolat noir (70 %) • 25 cl de lait entier
25 cl de crème liquide entière type fleurette • 4 jaunes d'œufs
30 g de sucre roux + un peu pour caraméliser

MATÉRIEL

6 ramequins de 10 cm de diamètre

1. La veille, préchauffez le four à 100 °C (th. 3-4).
2. Dans une casserole, faites chauffer le lait et la crème jusqu'à frémissement.
3. Dans un saladier, mélangez les jaunes d'œufs et le sucre.
4. Dans un autre saladier, cassez le chocolat en morceaux. Versez dessus le mélange crème-lait en plusieurs fois pour obtenir une crème homogène. Versez celle-ci sur les jaunes d'œufs et mélangez bien.
5. Répartissez la préparation dans des ramequins et enfournez pour 1 heure (la crème doit être tremblotante). Sortez-les du four, laissez-les refroidir et placez-les au frais pour la nuit.
6. Le lendemain, avant de les servir, saupoudrez-les de sucre roux et caramélisez le dessus au chalumeau.

PETITS CHOUX AU CHOCOLAT AU LAIT

POUR 15 PETITS CHOUX

Temps de préparation : 30 minutes
Temps de repos : 5 h 30 • Temps de cuisson : 20 minutes

INGRÉDIENTS

Pour la pâte à choux : 100 g d'eau • 1 g de sel
1 cuil. à café de sucre en poudre
30 g de beurre demi-sel en morceaux
60 g de farine • 2 œufs

Pour l'insert : 100 g de chocolat au lait
250 g de crème liquide entière

Pour le craquelin : 30 g de sucre roux • 30 g de beurre
30 g de farine • 2 cuil. à café de cacao non sucré

MATÉRIEL

Robot pâtissier ou fouet électrique • Poche à douille
garnie d'une douille cannelée • Emporte-pièce rond

1. La veille, préparez la ganache montée au chocolat au lait qui servira d'insert.
2. Au bain-marie, faites fondre le chocolat. Pendant ce temps, faites bouillir 125 g de crème liquide et versez-la, en 3 fois, sur le chocolat fondu en remuant vivement à la maryse pour créer une émulsion.
3. Ajoutez le reste de la crème liquide bien froide dans la ganache en remuant vivement.
4. Filmez la ganache au contact et réservez la nuit au frais (5 heures minimum).

PETITS CHOUX AU CHOCOLAT AU LAIT

Suite de la recette

5. Le lendemain, fouettez la ganache au fouet électrique (ou au robot) pour la faire foisonner. La ganache montée doit tenir entre les branches du fouet. Remplissez une poche à douille, garnie d'une douille cannelée, de la préparation et conservez au frais.
6. Passez ensuite à la préparation du craquelin. Mélangez dans un saladier les ingrédients, formez une boule et étalez la pâte finement entre 2 feuilles de papier cuisson, réservez au frais.
7. Préparez enfin la pâte à choux.
8. Préchauffez le four à 200 °C (th. 6-7).
9. Placez l'eau, le sel, le sucre en poudre et le beurre dans une casserole. Portez à ébullition jusqu'à ce que le beurre soit fondu.
10. Ajoutez la farine et mélangez vivement hors du feu.
11. Ajoutez les œufs un par un et mélangez bien jusqu'à l'obtention d'une pâte lisse et homogène.
12. Coupez le coin de la poche à douille et versez-y la pâte. Dressez des choux en quinconce sur une plaque recouverte de papier cuisson. Déposez sur le dessus des disques de craquelin préalablement découpés à l'emporte-pièce, puis enfournez pour 20 minutes, jusqu'à ce qu'ils soient dorés.
13. Ouvrez la porte du four quelques secondes à mi-cuisson pour évacuer toute la vapeur. Réservez.
14. Une fois les choux bien refroidis, coupez-les en deux, garnissez-les de ganache montée au chocolat au lait et dégustez !

MOUSSE AU CHOCOLAT NOIR ET CRÊPES DENTELLE

POUR 6 PERSONNES

Temps de préparation : 15 minutes
Temps de repos : 3 heures

INGRÉDIENTS

200 g de chocolat (51 %) • 50 g de beurre doux
6 œufs • 15 g de sucre • 30 g de crêpes dentelle

1. Faites fondre le chocolat et le beurre au bain-marie.
2. Pendant ce temps, séparez les blancs des jaunes d'œufs, puis montez les blancs en neige en ajoutant le sucre à la fin pour serrer les blancs.
3. Incorporez les jaunes d'œufs au mélange chocolat-beurre, puis incorporez délicatement les blancs d'œufs à la maryse.
4. Versez la mousse dans un saladier et placez au frais minimum 3 heures.
5. Au moment de servir, parsemez de crêpes dentelle émiettées pour apporter du croquant.

CRÈME AU CHOCOLAT NOIR ET AGRUMES

POUR 6 PERSONNES

Temps de préparation : 15 minutes
Temps de repos : 2 heures

INGRÉDIENTS

240 g de chocolat noir intense (70 %) • 1 orange
1 pamplemousse • 30 cl de lait entier
30 cl de crème liquide entière • 6 jaunes d'œufs • 20 g de sucre

MATÉRIEL

Ramequins ou verrines

1. Concassez grossièrement le chocolat et placez-le dans un saladier.
2. Prélevez les zestes des agrumes et réservez.
3. Dans une casserole, versez le lait, la crème et les zestes d'agrumes, puis faites chauffer à feu moyen.
4. Pendant ce temps, dans un saladier, fouettez les jaunes d'œufs et le sucre sans les faire blanchir.
5. Lorsque le mélange lait-crème commence à bouillir, filtrez-le puis versez-le petit à petit sur le mélange œufs-sucre, tout en remuant avec le fouet.
6. Reversez le tout dans la casserole et faites chauffer sur feu moyen en remuant régulièrement jusqu'à obtenir la consistance d'une crème qui nappe le dos d'une cuillère en bois.
7. Une fois la consistance obtenue, versez le contenu de la casserole sur le chocolat en plusieurs fois en remuant bien, jusqu'à ce que la crème soit bien onctueuse.
8. Versez dans les contenants, laissez refroidir et mettez au frais pour 2 heures minimum.
9. Au moment de la dégustation, vous pouvez parsemer les crèmes de quelques zestes d'agrumes.

CRÈME AU CHOCOLAT FAÇON MENDIANT

POUR 6 PERSONNES

Temps de préparation : 15 minutes
Temps de repos : 2 heures

INGRÉDIENTS

240 g de chocolat noir (51 %)
40 g de fruits secs (amandes, noisettes, pistaches)
30 cl de lait entier • 30 cl de crème liquide entière
6 jaunes d'œufs • 20 g de sucre

MATÉRIEL

Ramequins ou verrines

1. Concassez grossièrement le chocolat et placez-le dans un saladier.
2. Concassez également les fruits secs.
3. Dans une casserole, versez le lait et la crème, puis faites chauffer à feu moyen.
4. Pendant ce temps, dans un saladier, fouettez les jaunes et le sucre sans les faire blanchir.
5. Lorsque le mélange lait-crème commence à bouillir, versez-le petit à petit sur le mélange œufs-sucre, tout en remuant avec le fouet.
6. Reversez le tout dans la casserole et faites chauffer sur feu moyen en remuant régulièrement jusqu'à obtenir la consistance d'une crème qui nappe le dos d'une cuillère en bois.
7. Une fois la consistance obtenue, versez le contenu de la casserole sur le chocolat en plusieurs fois en remuant bien, jusqu'à ce que la crème soit bien onctueuse.
8. Versez dans les contenants, laissez refroidir et mettez au frais pour 2 heures minimum.
9. Au moment de la dégustation, recouvrez des fruits secs concassés.

LIÉGEOIS AU CHOCOLAT

POUR 6 PERSONNES

Temps de préparation : 20 minutes
Temps de repos : 2 heures

INGRÉDIENTS

130 g de chocolat (51 %) • 50 cl de lait demi-écrémé
20 g de sucre • 25 g de Maïzena®
20 cl de crème liquide entière bien froide
2 cuil. à café de sucre en poudre • 10 g de chocolat noir

MATÉRIEL

Verrines

1. Dans une casserole, faites chauffer à feu moyen le lait avec le sucre, puis versez la Maïzena® en pluie à travers un chinois, tout en remuant pour éviter les grumeaux.
2. Ajoutez le chocolat cassé en morceaux et mélangez sans cesse pendant quelques minutes. Le mélange doit épaissir et obtenir la consistance d'une crème qui nappe le dos d'une cuillère en bois.
3. Versez dans les verrines jusqu'aux deux tiers, puis placez 2 heures au réfrigérateur.
4. Pendant ce temps, montez la crème liquide en chantilly en ajoutant le sucre à la fin.
5. Nappez la crème de chantilly, saupoudrez de copeaux de chocolat et dégustez.

FONDUE AU CHOCOLAT

POUR 6 PERSONNES

Temps de préparation : 15 minutes

INGRÉDIENTS

300 g de chocolat noir (51 %) • Des fruits frais
25 cl de crème fraîche • 2 cuil. à soupe de lait

MATÉRIEL

Piques à brochettes

1. Préparez les fruits : coupez-les en morceaux et réalisez des brochettes avec des piques.
2. Coupez le chocolat en morceaux et placez-les dans un saladier.
3. Dans une casserole, faites chauffer la crème et le lait à feu doux.
4. Dès que des petites bulles apparaissent, versez sur le chocolat et remuez délicatement avec une maryse.
5. Dégustez !

Lindt
DESSERT
Le
200g

CHEESECAKE AU CHOCOLAT

POUR 8 PERSONNES

Temps de préparation : 25 minutes
Temps de cuisson : 1 heure • Temps de repos : 2 heures ou une nuit

INGRÉDIENTS

Pour le fond de biscuit : 180 g de spéculoos • 70 g de beurre

Pour la crème au chocolat : 190 g de chocolat (51 %)
300 g de cream cheese type Philadelphia® • 80 g de sucre
1 œuf • 1 jaune d'œuf • 100 g de crème fraîche légère

Pour la déco : 25 g de chocolat noir et blanc

MATÉRIEL

Cercle ou moule à charnière de 22 cm de diamètre

1. Commencez par réaliser le fond de biscuit : écrasez les biscuits pour en faire une poudre grossière et ajoutez le beurre fondu. Mélangez bien.
2. Étalez cette pâte dans le fond du moule. Tassez avec le dos d'une cuillère à soupe et placez au réfrigérateur le temps de préparer la suite.
3. Passez à la préparation de la crème au chocolat.
4. Préchauffez le four à 160 °C (th. 5-6).
5. Au bain-marie, faites fondre le chocolat et laissez-le revenir à température ambiante le temps de préparer la suite.
6. Dans un saladier ou la cuve d'un robot, fouettez ensemble le Philadelphia® et le sucre en poudre. Ajoutez l'œuf et le jaune d'œuf un à un, en mélangeant entre chaque ajout.
7. Ajoutez ensuite la crème fraîche et fouettez vivement une vingtaine de secondes, puissance maximale.
8. Enfin, ajoutez le chocolat fondu et fouettez jusqu'à obtenir une préparation homogène.
9. Versez le tout sur la base biscuitée, puis enfournez entre 50 minutes et 1 heure (en fonction de votre four : le centre doit encore être tremblotant) et laissez refroidir dans le four éteint.
10. Finissez en décorant le cheesecake avec des copeaux de chocolat noir et blanc.

BLANC
Aux notes crémeuses et vanillées
EXTRA VELOUTÉ
Lindt EXCELLENCE Blanc Extra Velouté
Lindt DESSERT NOIR 51% CACAO

Lindt
Lindt DESSERT NOIR 51% CACAO

GOÛTERS

MUFFINS CHOCOLAT NOIR-ORANGE

POUR 15 MUFFINS

Préparation : 20 minutes • Cuisson : 15 minutes

INGRÉDIENTS

160 g de chocolat noir intense (70 %) • 1 orange bio (jus et zestes)
100 g de beurre • 3 œufs • 100 g de sucre blond • 120 g de farine
5 g de levure chimique • 1 pincée de sel

MATÉRIEL

Moule à muffins et caissettes en papier

1. Préchauffez le four à 210 °C (th. 7).
2. Commencez par concasser le chocolat en morceaux, gardez-en 40 g de côté. Prélevez les zestes de l'orange et pressez le jus.
3. Dans une casserole, faites fondre 120 g de chocolat à feu doux avec le beurre et les zestes d'orange.
4. Dans un saladier, mélangez les œufs et le sucre, puis ajoutez la farine, la levure et le sel, enfin incorporez le mélange chocolat-beurre et terminez par le jus d'orange.
5. Remplissez le moule à muffins préalablement garni de caissettes en papier, et déposez sur le dessus le chocolat restant.
6. Enfournez pour 15 minutes. À la sortie du four, parsemez les muffins de zestes d'orange.

COOKIES CHOCOLAT NOIR-NOISETTES

POUR 15 COOKIES

Temps de préparation : 10 minutes
Temps de repos : 2 heures • Temps de cuisson : 12 minutes

INGRÉDIENTS

150 g de chocolat (51 %) • 125 g de farine • 6 g de levure chimique
80 g de flocons d'avoine • 30 g de graines de tournesol • 60 g de noisettes
2 g de sel • 115 g de beurre demi-sel à température ambiante
130 g de sucre roux • 1 œuf

MATÉRIEL

Cuillère à glace

1. Dans un saladier, mélangez tous les ingrédients secs : la farine, la levure, les flocons d'avoine, les graines de tournesol, les noisettes concassées et le sel.
2. Dans un autre saladier, mélangez le beurre mou et le sucre jusqu'à l'obtention d'une texture homogène. Ajoutez l'œuf et mélangez bien.
3. Incorporez les ingrédients secs dans le second saladier et ajoutez enfin le chocolat coupé en morceaux.
4. Placez la pâte au réfrigérateur au minimum 2 heures.
5. Préchauffez le four à 180 °C (th. 6).
6. Avec une cuillère à glace, formez des boules. Répartissez-les sur une plaque recouverte de papier cuisson et enfournez pour 10 à 12 minutes.

COOKIES CHOCOLAT AU LAIT-AMANDES

POUR 15 COOKIES

Temps de préparation : 10 minutes
Temps de repos : 30 minutes • Temps de cuisson : 12 minutes

INGRÉDIENTS

120 g de chocolat au lait • 100 g de beurre • 1 œuf
100 g de sucre roux • 50 g de sucre blanc • 180 g de farine
2 cuil. à café de Maïzena® • 1 cuil. à café de bicarbonate de soude
1/2 cuil. à café de fleur de sel • 65 g d'amandes

MATÉRIEL

Cuillère à glace

1. Dans une casserole, faites fondre le beurre environ 5 minutes jusqu'à ce qu'il colore, puis versez-le dans un saladier et laissez-le reposer.
2. Ajoutez l'œuf, les sucres et mélangez bien. Incorporez la farine, la Maïzena®, le bicarbonate et le sel et mélangez à nouveau.
3. Enfin, ajoutez le chocolat et les amandes concassés.
4. Avec une cuillère à glace, formez des boules et laissez-les reposer au réfrigérateur au minimum 30 minutes.
5. Préchauffez le four à 180 °C (th. 6).
6. Déposez les boules sur une plaque recouverte de papier cuisson et enfournez pour 12 minutes environ.
7. Laissez-les refroidir sur une grille pendant 10 minutes avant dégustation.

MADELEINES COQUE AU CHOCOLAT

POUR 18 MADELEINES

Temps de préparation : 30 minutes
Temps de repos : 15 minutes • Temps de cuisson : 15 minutes

INGRÉDIENTS

100 g de chocolat (51 %) • 120 g de beurre • 3 œufs
150 g de sucre • 3 cuil. à soupe de lait • 200 g de farine
1/2 sachet de levure • 1 cuil. à café d'huile neutre

MATÉRIEL

Moule à madeleines

1. Dans une casserole, faites fondre le beurre et réservez.
2. Dans un saladier, fouettez les œufs avec le sucre jusqu'à ce que le mélange blanchisse. Ajoutez le lait, la farine, la levure, et une fois la préparation bien homogène, le beurre fondu.
3. Laissez reposer 15 minutes au réfrigérateur.
4. Préchauffez le four à 250 °C (th. 8-9).
5. Beurrez le moule, versez la pâte aux trois quarts puis enfournez. Baissez immédiatement la température du four à 200 °C (th. 6-7) et faites cuire 10-15 minutes, jusqu'à ce que les madeleines soient dorées.
6. Laissez refroidir.
7. Pendant ce temps, faites fondre le chocolat avec l'huile. Une fois les madeleines refroidies, trempez leur base dans le chocolat et laissez prendre avant de déguster.

Lindt
DESSERT
Le
200 g

MADELEINES AUX PÉPITES DE CHOCOLAT

POUR 18 À 20 MADELEINES

Temps de préparation : 10 minutes
Temps de repos : 15 minutes • Temps de cuisson : 10-15 minutes

INGRÉDIENTS

100 g de chocolat au lait • 120 g de beurre • 200 g de farine
1/2 sachet de levure • 3 œufs • 150 g de sucre • 3 cuil. à soupe de lait

MATÉRIEL

Moule à madeleines

1. Dans une casserole, faites fondre le beurre et réservez.
2. Dans un saladier, fouettez les œufs avec le sucre jusqu'à ce que le mélange blanchisse. Ajoutez le lait, la farine, la levure, et une fois la préparation bien homogène, le beurre fondu.
3. Ajoutez enfin le chocolat au lait coupé en petits morceaux.
4. Laissez reposer 15 minutes au réfrigérateur.
5. Préchauffez le four à 250 °C (th. 8-9).
6. Beurrez les moules, versez la pâte aux trois quarts puis enfournez. Baissez immédiatement la température du four à 200 °C (th. 6-7) et faites cuire 10-15 minutes, jusqu'à ce que les madeleines soient dorées.

FINANCIERS AUX PÉPITES DE CHOCOLAT

POUR 20 MINI-FINANCIERS

Temps de préparation : 15 minutes
Temps de cuisson : 12 minutes

INGRÉDIENTS

100 g de chocolat (51 %) • 165 g de beurre • 65 g de farine
100 g de poudre d'amandes • 200 g de sucre glace
1 pincée de sel • 3 blancs d'œufs

MATÉRIEL

Moule à financiers

1. Préchauffez le four à 180 °C (th. 6).
2. Dans une casserole, faites fondre le beurre jusqu'à ce qu'il colore légèrement et obtienne un léger parfum de noisette. Retirez la casserole du feu et réservez.
3. Pendant ce temps, mettez dans un saladier la farine, la poudre d'amandes, le sucre glace, le sel et les blancs d'œufs. Mélangez jusqu'à obtenir une pâte homogène. Incorporez alors le beurre et mélangez à nouveau.
4. Incorporez enfin le chocolat cassé en morceaux.
5. Remplissez les moules préalablement beurrés et enfournez pour 12 minutes.

CANNELÉS AU CHOCOLAT

POUR 12 CANNELÉS

Temps de préparation : 20 minutes
Temps de repos : 1 nuit • Temps de cuisson : 48 minutes

INGRÉDIENTS

210 g de chocolat (51 %) • 500 g de lait entier • 65 g de beurre doux
2 gros jaunes d'œufs • 170 g d'œufs entiers • 180 g de sucre • 100 g de farine

MATÉRIEL

Moules à cannelés en cuivre de 5,5 cm de diamètre

1. Commencez par verser le lait dans une casserole avec le chocolat et le beurre. Faites chauffer sans faire bouillir sur feu doux, juste le temps de faire fondre le beurre et le chocolat.
2. Pendant ce temps, fouettez les jaunes d'œufs et les œufs entiers avec le sucre. Ajoutez la farine et mélangez à nouveau. Incorporez délicatement le mélange chocolat-beurre.
3. Laissez refroidir, puis versez dans un saladier, filmez la préparation et laissez-la reposer toute une nuit au réfrigérateur.
4. Le lendemain, sortez la préparation pour qu'elle revienne à température ambiante.
5. Préchauffez le four à 250 °C (th. 8-9) avec vos moules en cuivre déjà sur la plaque, pour qu'ils soient chauds et que les cannelés soient bien croustillants à l'extérieur.
6. Sortez-les du four une fois chauds, graissez-les et versez-y la préparation.
7. Enfournez pour 13 minutes, puis baissez la température du four à 180 °C (th. 6) et laissez cuire 35 minutes.
8. Démoulez-les quand ils sont encore chauds.

BROWNIE AUX NOIX DE PÉCAN

POUR 12 PERSONNES

Temps de préparation : 10 minutes
Temps de cuisson : 35 minutes

INGRÉDIENTS

200 g de chocolat noir (51 %) • 150 g de beurre
150 g de sucre en poudre • 3 œufs • 70 g de farine
100 g de poudre d'amandes • 100 g de noix de pécan concassées

MATÉRIEL

Moule rectangulaire de 16 x 26 cm

1. Préchauffez le four à 170 °C (th. 5-6).
2. Dans une casserole, faites fondre à feu doux le chocolat et le beurre coupés en morceaux.
3. Hors du feu, ajoutez le sucre et mélangez bien.
4. Incorporez les œufs, un à un, puis la farine et la poudre d'amandes.
5. Une fois la pâte bien mélangée, ajoutez les noix de pécan grossièrement concassées.
6. Beurrez le plat rectangulaire et versez-y la préparation, puis enfournez pour 30-35 minutes.

BROWNIE BLOND CHOCOLAT-CAFÉ

POUR 9 PERSONNES

Temps de préparation : 20 minutes
Temps de cuisson : 30 minutes

INGRÉDIENTS

100 g de chocolat noir intense (70 %) • 100 g de beurre
250 g de sucre roux • 110 ml de sirop d'érable
4 cuil. à soupe de café instantané en poudre
2 cuil. à soupe d'eau chaude • 2 œufs • 260 g de farine
1 petite cuil. à café de levure • 125 g de noix

MATÉRIEL

Moule carré de 20 cm de côté

1. Préchauffez le four à 170 °C (th. 5-6).
2. Faites chauffer à feu doux le beurre, le sucre et le sirop d'érable. Puis dissolvez le café dans l'eau chaude et incorporez-le au mélange précédent.
3. Laissez refroidir hors du feu, puis ajoutez les œufs un par un.
4. Ajoutez la farine et la levure, et enfin les noix et le chocolat grossièrement concassés.
5. Versez la préparation dans un moule beurré et fariné, puis enfournez pour 25 à 30 minutes.

BROOKIE

POUR 10 À 12 PERSONNES

Temps de préparation : 20 minutes
Temps de cuisson : 35 minutes

INGRÉDIENTS

La pâte à brownie : 130 g de chocolat (51 %)
70 g de beurre • 1 pincée de sel • 2 œufs • 100 g de sucre
75 g de farine • 50 g de noix de pécan

La pâte à cookies : 70 g de chocolat (51 %)
120 g de beurre demi-sel • 1 sachet de sucre vanillé
130 g de sucre roux • 1 œuf • 190 g de farine
1/2 sachet de levure chimique

MATÉRIEL

Moule de 20 cm de diamètre

1. Préchauffez le four à 180 °C (th. 6).
2. Commencez par préparer la pâte à brownie : concassez grossièrement le chocolat noir en morceaux, puis faites-le fondre avec le beurre et la pincée de sel au bain-marie.
3. Pendant ce temps, fouettez les œufs avec le sucre, ajoutez la farine et mélangez bien.
4. Incorporez le mélange chocolat-beurre.
5. Ajoutez les noix de pécan préalablement concassées et mélangez à nouveau.
6. Transvasez le contenu dans le moule préalablement beurré.
7. Préparez ensuite la pâte à cookies : dans un saladier, mélangez le beurre et les sucres jusqu'à l'obtention d'un mélange bien crémeux (vous pouvez vous aider d'un robot pâtissier).
8. Ajoutez l'œuf et mélangez bien.
9. Incorporez ensuite la farine, la levure, et finissez avec le chocolat préalablement cassé en morceaux.
10. Répartissez la pâte à cookies sur la pâte à brownie. Si vous le souhaitez, saupoudrez de pépites de chocolat et enfournez pour 30-35 minutes environ.

ROCHERS COCO

POUR 20 ROCHERS

Temps de préparation : 15 minutes
Temps de cuisson : 10 minutes

INGRÉDIENTS

75 g de chocolat (51 %) • 180 g de noix de coco râpée
120 g de sucre en poudre • 2 blancs d'œufs
2 cuil. à café d'huile neutre

1. Préchauffez le four à 210 °C (th. 7).
2. Dans un saladier, mélangez du bout des doigts la noix de coco, le sucre et les blancs d'œufs.
3. Façonnez des petites boules avec vos mains et déposez les rochers sur une plaque recouverte de papier cuisson.
4. Enfournez pour 5-10 min, jusqu'à ce que les rochers soient bien dorés. Sortez-les du four et faites-les refroidir sur une grille.
5. Faites fondre le chocolat avec l'huile. Une fois les rochers refroidis, trempez la base des rochers dans le chocolat et avec une cuillère (ou une poche à douille), faites des zigzags sur le dessus des rochers.

200g
Lindt
DESSERT
Le

SABLÉS TOUT CHOCOLAT

POUR 20 SABLÉS

Temps de préparation : 10 minutes
Temps de repos : 1 heure • Temps de cuisson : 15 minutes

INGRÉDIENTS

240 g de farine • 20 g de cacao amer non sucré
50 g de sucre en poudre • 50 g de cassonade
150 g de beurre doux • 1 jaune d'œuf

Pour la ganache : 60 g de chocolat noir intense (70 %)
60 g de crème liquide entière • 10 g de beurre

MATÉRIEL

Emporte-pièce de 6 cm de diamètre

1. Dans un saladier, mélangez la farine, le cacao en poudre préalablement tamisés et les sucres.
2. Ajoutez le beurre pommade et mélangez jusqu'à obtenir une consistance sableuse.
3. Ajoutez l'œuf battu et mélangez jusqu'à l'obtention d'une boule.
4. Réservez au frais environ 1 heure.
5. Préchauffez le four à 170 °C (th. 5-6).
6. Sortez la pâte du réfrigérateur, laissez-la revenir un peu à température ambiante, étalez-la au rouleau à pâtisserie puis découpez des sablés à l'emporte-pièce. Déposez-les sur une plaque recouverte de papier cuisson et enfournez pour 15 minutes.
7. Pendant la cuisson, préparez la ganache : hachez le chocolat dans un bol. Faites chauffer la crème jusqu'à obtenir des petites bulles, versez-la sur le chocolat puis attendez quelques secondes avant de mélanger à la maryse. Une fois la ganache bien lisse, ajoutez le beurre.
8. Garnissez les biscuits cuits et refroidis de ganache et assemblez-les par deux, comme des sandwichs.

SABLÉS TYPE DOMINO

POUR 25 SABLÉS

Temps de préparation : 15 minutes
Temps de repos : 1 h 15 • Temps de cuisson : 15-20 minutes

INGRÉDIENTS

100 g de chocolat (51 %) • 250 g de farine • 100 g de sucre
1 sachet de sucre vanillé • 125 g de beurre • 1 œuf
1 pincée de sel • 1 cuil. à café d'huile neutre

MATÉRIEL

Emporte-pièce rectangulaire ou type petit-beurre de 6 x 3 cm

1. Commencez par préparer la pâte : dans le bol d'un robot ou dans un saladier, mélangez la farine, le sucre et le sucre vanillé, puis, ajoutez le beurre coupé en morceaux. Mélangez à la feuille ou du bout des doigts pour obtenir une préparation sableuse.
2. Ajoutez l'œuf préalablement battu avec le sel et mélangez jusqu'à former une boule.
3. Emballez la boule dans du film alimentaire et réservez 1 heure au réfrigérateur.
4. Préchauffez le four à 180 °C (th. 6).
5. Abaissez la pâte à l'aide d'un rouleau à pâtisserie et découpez les biscuits avec l'emporte-pièce.
6. Déposez-les sur une plaque recouverte de papier cuisson et enfournez pour 15-20 minutes.
7. Pendant ce temps, cassez le chocolat, puis faites-le fondre avec l'huile dans une casserole à feu doux.
8. Une fois les biscuits cuits et refroidis, trempez la moitié avec le chocolat fondu, laissez prendre 15 minutes au réfrigérateur et dégustez !

SPRITZ

POUR 12 SPRITZ

Temps de préparation : 10 minutes
Temps de repos : 15 minutes • Temps de cuisson : 15 minutes

INGRÉDIENTS

140 g de chocolat au lait
190 g de beurre mou à température ambiante
90 g de sucre glace • 1 blanc d'œuf (environ 30 g)
225 g de farine • 1 pincée de sel

MATÉRIEL

Poche à douille munie d'une douille cannelée

1. Préchauffez le four à 190 °C (th. 6-7).
2. Fouettez le beurre et le sucre glace jusqu'à ce que le mélange soit crémeux.
3. Ajoutez le blanc d'œuf, la farine tamisée et la pincée de sel et mélangez.
4. Transvasez la pâte dans une poche à douille munie d'une douille cannelée et réalisez des grands U de pâte sur une feuille de papier cuisson posée sur la plaque du four.
5. Enfournez pour 12 à 15 minutes
6. Pendant ce temps, faites fondre le chocolat cassé en morceaux et 2 cuillerées à soupe d'eau dans une casserole à feu doux.
7. Une fois les biscuits cuits, trempez-les dans le chocolat fondu jusqu'à la moitié. Faire prendre au frais pendant 15 minutes pour figer le chocolat et dégustez.

MARBRÉ

POUR 12 PERSONNES

Temps de préparation : 15 minutes
Temps de cuisson : 45 minutes

INGRÉDIENTS

100 g de chocolat (51 %) • 4 œufs
180 g de sucre de canne blond
160 g de farine • 40 g de poudre de noisettes
1 sachet de levure chimique • 150 g de beurre
1 sachet de sucre vanillé • 1 cuil. à café d'huile neutre

MATÉRIEL

Moule à cake de 30 cm

1. Préchauffez le four à 180 °C (th. 6).
2. Séparez les blancs des jaunes d'œufs.
3. Dans un saladier, fouettez les jaunes d'œufs et les sucres, puis ajoutez la farine, la poudre de noisettes et la levure.
4. Montez les blancs en neige.
5. Ajoutez dans le saladier le beurre fondu, puis les blancs montés en neige.
6. Séparez la pâte en deux moitiés. Versez la première moitié de la pâte dans un récipient : ajoutez-y le sucre vanillé et mélangez au fouet.
7. Dans l'autre moitié, ajoutez le chocolat fondu au bain-marie avec l'huile neutre.
8. Dans un moule à cake beurré et fariné, remplissez le moule en alternant les pâtes, puis enfournez pour 40-45 minutes.

ZEBRA CAKE

POUR 8 À 10 PERSONNES

Temps de préparation : 10 minutes
Temps de cuisson : 40 minutes

INGRÉDIENTS

150 g de beurre • 200 g de sucre de canne blond
4 œufs • 200 g de farine • 1 sachet de levure chimique
1 cuil. à café d'extrait de vanille
3 cuil. à soupe de cacao non sucré • 2 cuil. à soupe d'eau

MATÉRIEL

Moule de 20 cm de diamètre

1. Préchauffez le four à 180 °C (th. 6).
2. Dans un saladier, fouettez le beurre ramolli et le sucre.
3. Ajoutez les œufs un à un et mélangez bien, puis ajoutez la farine et la levure.
4. Séparez la pâte en deux moitiés : versez la première moitié de la pâte dans un récipient et ajoutez-y l'extrait de vanille. Mélangez au fouet.
5. Dans l'autre moitié, ajoutez le cacao et l'eau. Mélangez.
6. Dans un moule rond beurré et fariné, déposez au centre une grosse cuillerée à soupe de pâte vanillée, attendez que la pâte s'étale en cercle, puis déposez, (toujours au centre), une cuillerée à soupe de pâte au chocolat. Recommencez jusqu'à épuisement de la pâte.
7. Enfournez pour 40 minutes.

Astuce

N'hésitez pas à « secouer » un peu le moule pour aider la pâte à descendre plus facilement en rond.

QUATRE-QUARTS AUX PÉPITES DE CHOCOLAT

POUR 12 PERSONNES

Temps de préparation : 10 minutes
Temps de cuisson : 50 minutes

INGRÉDIENTS

100 g de chocolat noir • 220 g de beurre
220 g de sucre en poudre • 4 œufs • 220 g de farine
1 sachet de levure chimique • 1 pincée de sel

MATÉRIEL

Moule à cake de 30 cm

1. Préchauffez le four à 180 °C (th. 6).
2. Dans un saladier, mélangez le beurre et le sucre avec un fouet jusqu'à ce que cela soit crémeux.
3. Ajoutez les œufs un à un, puis incorporez la farine, la levure et la pincée de sel, et mélangez bien.
4. Ajoutez enfin le chocolat concassé en chunks, puis mélangez.
5. Beurrez un moule à cake et transvasez la pâte. Enfournez pour 45-50 minutes, jusqu'à ce qu'il soit doré.

CAKE BANANE-CHOCOLAT

POUR 12 PERSONNES
Temps de préparation : 10 minutes
Temps de cuisson : 40 minutes

INGRÉDIENTS
125 g de chocolat (51 %) • 2 œufs • 120 g de sucre roux
210 g de farine • 1 sachet de levure chimique
110 g de beurre • 3 bananes

MATÉRIEL
Moule à cake de 30 cm

1. Préchauffez le four à 180 °C (th. 6).
2. Dans un saladier, fouettez les œufs avec le sucre. Ajoutez la farine et la levure, puis enfin le beurre fondu.
3. Ajoutez 2 bananes préalablement écrasées et mélangez bien.
4. Concassez grossièrement le chocolat et incorporez-le à la préparation.
5. Versez la pâte dans un moule beurré.
6. Découpez la dernière banane en deux dans la longueur, puis déposez les deux moitiés sur la pâte en les enfonçant légèrement.
7. Enfournez pour 40-45 minutes environ et laissez refroidir avant de démouler.

CHOUQUETTES AUX PÉPITES DE CHOCOLAT

POUR 15 CHOUQUETTES

Temps de préparation : 15 minutes
Temps de cuisson : 20 minutes

INGRÉDIENTS

30 g de chocolat (51 %) • 100 g d'eau • 1 g de sel
1 cuil. à café de sucre en poudre
30 g de beurre demi-sel en morceaux
60 g de farine • 2 œufs

MATÉRIEL

Poche à douille

1. Préchauffez le four à 200 °C (th. 6-7).
2. Placez l'eau, le sel, le sucre en poudre et le beurre dans une casserole. Portez à ébullition jusqu'à ce que le beurre soit fondu.
3. Ajoutez la farine et mélangez vivement hors du feu.
4. Ajoutez les œufs un par un et mélangez bien jusqu'à l'obtention d'une pâte lisse et homogène.
5. Concassez le chocolat grossièrement en pépites.
6. Coupez le coin de la poche à douille et versez-y la pâte. Dressez 20 petits choux en quinconce sur une plaque recouverte de papier cuisson.
7. Parsemez les choux de pépites, puis enfournez pour 20 minutes, jusqu'à ce qu'ils soient dorés.
8. Ouvrez la porte du four quelques secondes à mi-cuisson pour évacuer toute la vapeur. Laissez refroidir avant de déguster.

PETITS DÉJEUNERS ET BRUNCHS

MUFFINS CHOCOLAT AU LAIT-NOISETTE

POUR 9 GROS MUFFINS

Temps de préparation : 5 minutes
Temps de cuisson : 25 minutes

INGRÉDIENTS

130 g de chocolat au lait • 180 g de farine
1/2 sachet de levure chimique • 90 g de sucre en poudre
1 sachet de sucre vanillé • 1 pincée de sel
50 g de beurre en morceaux • 1 œuf
125 g de lait • 80 g de noisettes

MATÉRIEL

Moules à muffins et caissettes en papier

1. Préchauffez le four à 180 °C (th. 6).
2. Dans un saladier, mélangez la farine, la levure, les sucres et le sel.
3. Dans un grand bol, mélangez le beurre fondu, l'œuf et le lait.
4. Creusez un puits dans la farine et versez-y le mélange précédent. Incorporez le chocolat et les noisettes concassés.
5. Remplissez les caissettes de pâte et déposez-les sur la plaque de cuisson.
6. Enfournez pour 25 minutes.

Lindt

SCONES AUX PÉPITES DE CHOCOLAT

POUR 12 SCONES

Temps de préparation : 15 minutes
Temps de cuisson : 15-20 minutes

INGRÉDIENTS

125 g de chocolat noir (51 %) • 500 g de farine
3 cuil. à soupe de sucre en poudre • 1 cuil. à café de sel
1 sachet de levure chimique • 110 g de beurre
30 cl de lait entier • 1 œuf battu

MATÉRIEL

Emporte-pièce de 8 cm de diamètre

1. Préchauffez le four à 200 °C (th. 6-7).
2. Dans un saladier, mélangez la farine, le sucre, le sel et la levure. Incorporez le beurre à température ambiante, préalablement coupé en morceaux. Malaxez du bout des doigts pour obtenir une préparation sableuse.
3. Creusez un puits et versez le lait, puis travaillez la pâte à la fourchette jusqu'à ce que le lait soit incorporé. Terminez à la main en ajoutant le chocolat cassé en morceaux, pour obtenir une boule de pâte.
   Si la pâte est trop sèche, ajoutez du lait.
   Si elle est trop humide, ajoutez de la farine.
4. Sur le plan de travail fariné, abaissez la pâte pour former un rond d'environ 3 cm d'épaisseur. À l'aide d'un emporte-pièce, découpez des ronds de pâte et disposez-les sur une plaque recouverte de papier cuisson.
5. Badigeonnez les ronds de pâte d'œuf battu à l'aide d'un pinceau, puis enfournez pour 15 à 20 minutes jusqu'à ce qu'ils soient dorés.

GRANOLA AU CHOCOLAT

POUR 8 PERSONNES

Temps de préparation : 5 minutes
Temps de cuisson : 25 minutes

INGRÉDIENTS

100 g de chocolat noir (51 %) • 250 g de flocons d'avoine
50 g de noisettes • 50 g d'amandes • 1 cuil. à café de cannelle
3 cuil. à café de cacao en poudre
10 cl d'huile neutre • 35 g de sirop d'érable

1. Préchauffez le four à 160 °C (th. 5-6).
2. Dans un saladier, mélangez les flocons d'avoine, les noisettes et les amandes concassées, la cannelle et le cacao en poudre.
3. Dans une petite casserole, faites chauffer l'huile et le sirop d'érable, versez-les sur les ingrédients secs et mélangez bien.
4. Étalez la préparation sur une plaque recouverte de papier cuisson, et enfournez pour 25 minutes en remuant de temps en temps.
5. Laissez refroidir, puis incorporez le chocolat en morceaux et conservez dans un bocal hermétique.

Astuce :
Servez le granola avec du lait ou du fromage blanc et des fruits frais.

Lindt
DESSERT

BARRES DE CHOCOLAT

POUR 12 BARRES

Temps de préparation : 15 minutes
Temps de cuisson : 20 minutes

INGRÉDIENTS

100 g de flocons d'avoine • 100 g de farine • 60 g de noix de coco râpée
50 g de fruits secs (amandes, noisettes...) • 1 gros œuf
95 g d'huile de coco • 140 g de sucre complet

Pour le glaçage : 50 g de chocolat (51 %) • 40 g de crème liquide

MATÉRIEL

Moule carré de 20 cm de côté

1. Préchauffez le four à 180 °C (th. 6).
2. Dans un saladier, mélangez les ingrédients secs : flocons d'avoine, farine, noix de coco râpée et fruits secs concassés.
3. Dans un autre saladier, mélangez les autres ingrédients : œuf, huile et sucre, puis incorporez les ingrédients secs et mélangez
4. Étalez la préparation dans un petit moule carré ou rectangulaire, beurré.
5. Enfournez pour 20 minutes, jusqu'à ce que ce soit doré, et laissez refroidir avant de démouler. Coupez en rectangles pour faire des barres.
6. Pendant ce temps, coupez le chocolat en morceaux, faites chauffer la crème liquide et versez-la sur le chocolat. Puis trempez la moitié des barres dans le chocolat et laissez refroidir pour que cela fige.

GAUFRES AU CHOCOLAT

POUR 12 GAUFRES

Temps de préparation : 10 minutes
Temps de repos : 30 minutes • Temps de cuisson : 20 minutes

INGRÉDIENTS

75 g de chocolat noir (51 %) • 3 œufs • 500 ml de lait
80 g de beurre • 270 g de farine • 90 g de sucre blond

MATÉRIEL

Gaufrier

1. Commencez par faire fondre le chocolat au bain-marie.
2. Dans un saladier, fouettez les œufs, puis incorporez le lait. Ajoutez le beurre préalablement fondu, la farine et le sucre, et mélangez bien. Incorporez enfin le chocolat fondu.
3. Laissez reposer 30 minutes. Versez la préparation dans un gaufrier bien chaud et laissez cuire le temps que les gaufres soient bien dorées. Servez avec du caramel au beurre salé ou votre pâte à tartiner préférée.

CRÊPES AU CHOCOLAT

POUR 20 PETITES CRÊPES

Temps de préparation : 10 minutes
Temps de cuisson : 10 minutes

INGRÉDIENTS

150 g de chocolat noir (51 %) • 250 g de farine
3 œufs • 30 g de beurre fondu • 75 cl de lait

1. Déposez la farine dans un saladier et creusez un puits.
2. Ajoutez les œufs un par un et mélangez au fouet.
3. Diluez avec le beurre fondu et ajoutez le lait petit à petit. Mélangez bien au fouet à chaque fois pour obtenir une pâte lisse et sans grumeaux.
4. Ajoutez le chocolat préalablement fondu et mélangez.
5. Faites cuire les crêpes dans une poêle chaude en versant une louche de pâte et en recouvrant uniformément le fond de la poêle. Servez avec votre pâte à tartiner préférée.

Lindt
PATE A TARTINER
DE NOISETTES

PÂTE À TARTINER

POUR 1 POT DE 500 G

Temps de préparation : 15 minutes

INGRÉDIENTS

200 g de chocolat noir (51 %)
125 g de poudre de noisettes • 20 cl de crème fleurette
100 g de sucre • 1 grosse pincée de fleur de sel

1. Dans une poêle, faites torréfier la poudre de noisettes sans la faire brûler.
2. Au bain-marie, faites fondre le chocolat, ajoutez la crème, le sucre et la pincée de sel.
3. Une fois le mélange bien homogène, ajoutez la poudre de noisettes, puis passez le tout au mixeur pour obtenir une texture lisse.
4. Conservez la pâte à tartiner au réfrigérateur.

La technique du Maître Chocolatier Lindt :

TEMPÉRER DU CHOCOLAT

Le tempérage consiste à faire fondre le chocolat pour pouvoir le travailler et amorcer la cristallisation afin d'obtenir un décor en chocolat solide, lisse et brillant.

INGRÉDIENTS

Du chocolat
noir intense (70 %) fondu
(voir technique p. 24/25)

MATÉRIEL

Plan de travail ou plaque
en marbre ou en inox
Spatule ou racleur
Thermomètre

1

Faites couler les deux tiers du chocolat fondu sur le marbre, en conservant le reste au bain-marie.

2

Travaillez le chocolat avec une spatule ou un racleur
en l'étalant puis en le ramenant de l'extérieur vers l'intérieur.

3

Quand le chocolat atteint 27 à 28 °C, remettez-le dans le bol
où il y a le tiers restant de chocolat fondu et mélangez.
L'objectif est d'atteindre 31 à 32 °C, donc si le chocolat est trop froid,
réchauffez-le au bain-marie ; en revanche, s'il est trop chaud,
reversez-en une partie sur le marbre pour le faire refroidir.

BABKA CHOCOLAT-NOISETTES

POUR 8 À 10 PERSONNES

Temps de préparation : 30 minutes
Temps de repos : 3 heures • Temps de cuisson : 30 minutes

INGRÉDIENTS

Pour la pâte à brioche : 80 g de lait • 14 g de levure fraîche de boulanger
200 g de farine • 2 g de sel • 40 g de sucre • 1 œuf • 50 g de beurre

Pour la garniture : 70 g de chocolat (51 %) • 50 g de beurre
10 g de cacao non sucré • 35 g de sucre glace • 40 g de noisettes

Pour le sirop (facultatif) : 10 cl d'eau • 50 g de sucre

MATÉRIEL

Robot pâtissier muni de la feuille • Moule à cake de 25 cm

1. Dans une casserole, faites chauffer le lait jusqu'à ce qu'il soit tiède, émiettez la levure dedans et laissez reposer 10 minutes.
2. Dans le bol du robot muni de la feuille, versez la farine, le sel et le sucre. Ajoutez l'œuf et le mélange lait et levure, puis pétrissez à vitesse moyenne pendant 10 minutes.
3. Ajoutez le beurre pommade coupé en morceaux, et continuez à pétrir jusqu'à ce que la pâte se décolle des parois (environ 10 minutes).
4. Formez une boule avec la pâte, déposez-la dans un saladier propre, recouvrez-la d'un torchon et laissez pousser à température ambiante pendant 2 heures.
5. Pendant ce temps, préparez la garniture : faites fondre dans une casserole à feu doux le beurre et le chocolat. Ajoutez le cacao et le sucre glace. Mélangez jusqu'à obtenir une préparation homogène, laissez refroidir.
6. Une fois que la pâte a poussé, déposez-la sur le plan de travail et étalez-la en forme de rectangle, de la longueur de votre moule et de 3 fois sa largeur.
7. Étalez la garniture et parsemez de noisettes concassées (conservez-en pour le dessus de la brioche).
8. Roulez la pâte dans sa largeur (placez-la une dizaine de minutes au réfrigérateur si vous la trouvez trop chaude et peu maniable), découpez-la en deux dans la longueur et tressez les 2 morceaux obtenus face coupée vers le haut.
9. Déposez la brioche dans le moule préalablement beurré, couvrez d'un torchon et laissez pousser au minimum 1 heure (elle doit doubler de volume).
10. Préchauffez le four à 180 °C (th. 6), puis enfournez pour 25 à 30 minutes.
11. Pendant ce temps, préparez le sirop : dans une casserole, faites chauffer l'eau et le sucre jusqu'à obtenir une consistance un peu sirupeuse.
12. Une fois la babka cuite, laissez reposer 5 minutes, démoulez et versez le sirop dessus. Saupoudrez des noisettes conservées.

PANCAKES AU CHOCOLAT

POUR 12 PANCAKES

Temps de préparation : 10 minutes
Temps de cuisson : 15 minutes

INGRÉDIENTS

100 g de chocolat au lait • 2 œufs • 50 g de sucre roux
25 ml d'huile neutre • 250 g de farine • 5 g de levure
250 ml de lait • Huile neutre ou beurre pour la cuisson

1. Dans un saladier, fouettez les œufs avec le sucre.
2. Faites fondre le chocolat au bain-marie. Laissez-le refroidir, puis incorporez-le au mélange précédent. Ajoutez l'huile et mélangez jusqu'à obtenir une pâte homogène. Puis versez la farine et la levure et mélangez à nouveau.
3. Finissez en incorporant le lait en plusieurs fois pour obtenir un appareil sans grumeaux. La pâte est prête.
4. Dans une poêle chaude avec matière grasse, versez 1 louche de pâte, laissez cuire jusqu'à voir des petites bulles au centre, retournez-le et laissez cuire 2 minutes de l'autre côté. Renouvelez l'opération jusqu'à épuisement de la pâte.
5. Pour les gourmands, dégustez avec de la pâte à tartiner.

Lindt

CHOCOLAT CHAUD

POUR 4 À 6 PERSONNES

Temps de préparation : 10 minutes

INGRÉDIENTS

230 g de chocolat noir (51 %) • 60 cl de lait
40 cl de crème liquide entière
40 g de sucre • 2 cuil. à café de cacao en poudre

1. Dans une casserole, faites chauffer le lait, la crème et le sucre. Remuez bien pour que cela n'accroche pas et stoppez avant ébullition.
2. Pendant ce temps, hachez le chocolat et déposez-le dans un saladier. Versez le mélange chaud dessus et mélangez délicatement à la maryse.
3. Versez le chocolat chaud dans des tasses et saupoudrez de cacao.

DESSERTS FESTIFS

GÂTEAU D'ANNIVERSAIRE LAPIN

POUR 12 PERSONNES

Temps de préparation : 30 minutes
Temps de repos : 30 minutes • Temps de cuisson : 30 minutes

INGRÉDIENTS

Pour le gâteau : 400 g de chocolat (51 %) • 320 g de beurre
240 g de sucre • 8 œufs • 200 g de farine • 1 sachet de levure chimique

Pour le décor : 200 g de pâte à tartiner
10 g de chocolat blanc • Quelques œufs en chocolat

MATÉRIEL

2 moules de 20 cm de diamètre • Cornet en papier sulfurisé

1. Préchauffez le four à 180 °C (th. 6).
2. Déposez dans une casserole le beurre en morceaux et le chocolat grossièrement cassé, faites-les fondre doucement.
3. Hors du feu, ajoutez le sucre, puis les œufs un à un. Mélangez.
4. Ajoutez la farine, la levure et mélangez bien.
5. Répartissez la pâte entre les 2 moules beurrés et farinés, enfournez pour 30 minutes et laissez bien refroidir avant de démouler.
6. Découpez les oreilles du lapin dans un des deux gâteaux et formez un nœud papillon avec le reste.
7. Recouvrez le gâteau de pâte à tartiner.
8. Décorez ensuite votre lapin avec des œufs en chocolat pour le bouton du nœud papillon et les yeux, et des copeaux de chocolat blanc pour les oreilles.
9. Faites fondre le reste de chocolat blanc au bain-marie. Remplissez un cornet en papier sulfurisé et pochez des traits pour le museau et les moustaches (voir technique p. 152).

La technique du Maître Chocolatier Lindt :

FAIRE DU PRALINÉ

INGRÉDIENTS

350 g d'amandes et/ou de noisettes émondées
140 g d'eau
350 g de sucre

MATÉRIEL

Casserole
Spatule
Thermomètre
Papier cuisson ou toile en silicone
Mixeur

1

Versez l'eau dans une casserole, puis ajoutez le sucre. Mélangez et faites chauffer sur feu vif jusqu'à atteindre 118 °C.

2

Lorsque le sirop est à 118 °C, ajoutez les amandes et/ou noisettes. Mélangez sans cesse pour éviter que le sucre brûle. Le sucre va « sabler » autour des fruits secs, c'est-à-dire qu'il va devenir blanc et sec comme du sable, puis il va doucement refondre et caraméliser.

3

Lorsque toutes les amandes et noisettes sont bien enrobées d'un joli caramel couleur café au lait, débarrassez-les sur une feuille de papier cuisson ou une toile en silicone. Laissez refroidir.

4

Pour obtenir une pâte de praliné, broyez le caramel aux amandes et aux noisettes très finement, pendant 5 à 10 minutes, jusqu'à faire ressortir le gras des fruits secs et obtenir une pâte épaisse.

Vous pouvez utiliser le praliné dans divers desserts ou pour agrémenter des pâtes à tartiner au chocolat.

BÛCHE ROULÉE CHOCOLAT-NOISETTES

POUR 10 PERSONNES

Temps de préparation : 25 minutes
Temps de cuisson : 15 minutes
Temps de repos au frais : 24 heures

INGRÉDIENTS

Pour la génoise : 4 œufs • 125 g de sucre blond de canne
125 g de farine • 1 pincée de sel

Pour la garniture : 200 g de pâte à tartiner aux noisettes Lindt
100 g de noisettes

Pour la ganache : 100 g de chocolat au lait • 50 g de chocolat noir (51 %)
20 g de chocolat blanc • 250 g de crème liquide entière

MATÉRIEL

Robot pâtissier ou fouet électrique • Plaque à pâtisserie de 40 x 30 cm
Poche à douille garnie d'une douille lisse • Cornet en papier sulfurisé

1. La veille (ou au minimum 4-5 heures avant de manger la bûche), réalisez la ganache montée qui servira de décor à la bûche : pour cela, faites fondre le chocolat au bain-marie. Pendant ce temps, faites bouillir 125 g de crème liquide et versez-la, en 3 fois, sur le chocolat fondu en remuant vivement à la maryse pour créer une émulsion.
2. Ajoutez le reste de la crème liquide bien froide dans la ganache en remuant vivement.
3. Filmez la ganache au contact et réservez la nuit au frais (5 heures minimum).
4. Le lendemain, fouettez la ganache au fouet électrique (ou au robot) pour la faire foisonner. La ganache montée doit tenir entre les branches du fouet. Remplissez une poche à douille garnie d'une douille lisse de la préparation et conservez au frais.
5. Préchauffez le four à 180 °C (th. 6).
6. Commencez par préparer la génoise : cassez les œufs et séparez les blancs des jaunes.
7. Dans un saladier, fouettez les jaunes d'œufs et le sucre jusqu'à ce que la préparation double de volume.

BÛCHE ROULÉE CHOCOLAT-NOISETTES

Suite de la recette

8. Ajoutez la farine en pluie et mélangez à l'aide d'une cuillère en bois.
9. Montez les blancs en neige avec la pincée de sel et incorporez-les délicatement au mélange précédent, sans les casser, avec une maryse.
10. Répartissez la pâte sur la plaque recouverte de papier cuisson et enfournez pour 10 à 15 minutes. La génoise doit être dorée.
11. Pendant ce temps, concassez grossièrement les noisettes.
12. Dès la sortie du four, roulez la génoise dans un torchon propre légèrement humide. Laissez complètement refroidir. Puis déroulez délicatement la génoise et étalez la pâte à tartiner sur toute la surface. Répartissez les noisettes, puis roulez le biscuit sur lui-même.
13. Coupez les extrémités du gâteau avec un couteau pour obtenir des bords bien nets. Filmez et placez au moins 1 heure au frais avant de servir.
14. Pendant ce temps, préparez des sapins à partir de chocolat tempéré (voir technique p. 153) avec un cornet ou à la poche à douille avec une petite douille.
15. Au moment de servir, pochez la ganache montée sur le haut de la bûche, décorez avec des copeaux de chocolat blanc et des sapins.

La technique du Maître Chocolatier Lindt :

FAIRE DES DÉCORS EN CHOCOLAT : LES COPEAUX ET LES CARRÉS

INGRÉDIENTS

Du chocolat
noir intense (70 %) tempéré
(voir technique p. 130/131)

MATÉRIEL

Plan de travail ou plaque
en marbre ou en inox
Racleur
Feuille Rhodoïd ou guitare
Plaque à pâtisserie
Couteau d'office

POUR LES COPEAUX

1

Étalez une fine couche de chocolat, de 2 à 3 mm d'épaisseur, sur le marbre.

2

Quand le chocolat commence à durcir, raclez-le avec le bord du racleur par petits ou grands mouvements en fonction de la taille des copeaux que vous souhaitez obtenir.

POUR LES CARRÉS

1

Disposez une feuille Rhodoïd ou guitare sur le marbre et chassez les bulles d'air. Étalez une fine couche de chocolat, de 2 à 3 mm d'épaisseur, sur la feuille.

2

Tout de suite après, décollez la feuille du plan de travail et placez-la sur une plaque.

3

Quand le chocolat commence à durcir, tracez un quadrillage au couteau correspondant à la taille des carrés (ou autre formes) que vous souhaitez réaliser. Réservez 10 minutes au réfrigérateur.

4

Décollez soigneusement les fines feuilles de chocolat une à une.

La technique du Maître Chocolatier Lindt :

FAIRE DES DÉCORS EN CHOCOLAT : L'ÉCRITURE AU CORNET

INGRÉDIENTS

Du chocolat
noir intense (70 %) tempéré
(voir technique p. 130/131)

MATÉRIEL

Papier cuisson
Ciseaux

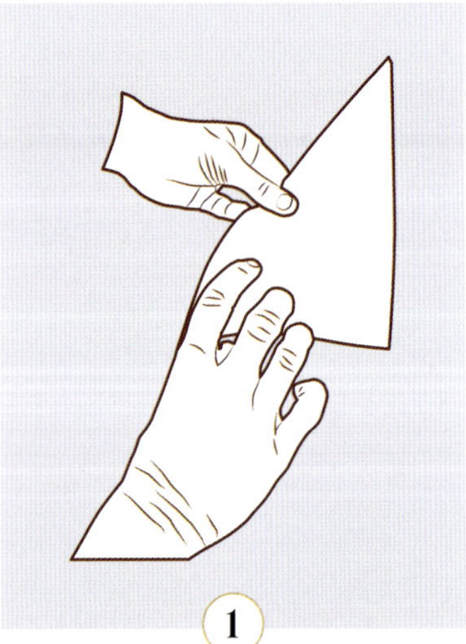

1

Découpez un triangle rectangle de 15 cm par 30 cm en papier cuisson.

Placez votre main gauche au milieu du côté le plus long en serrant la feuille avec votre pouce au-dessus.

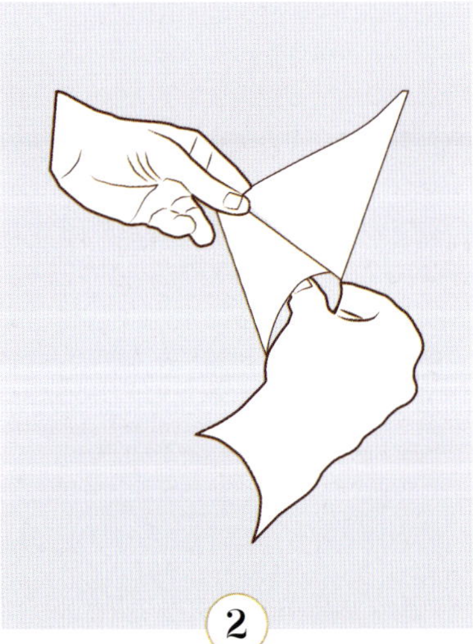

2

Enroulez la partie restante du papier autour du cône en maintenant bien serré avec votre main droite pour éviter que la pointe ne s'ouvre.

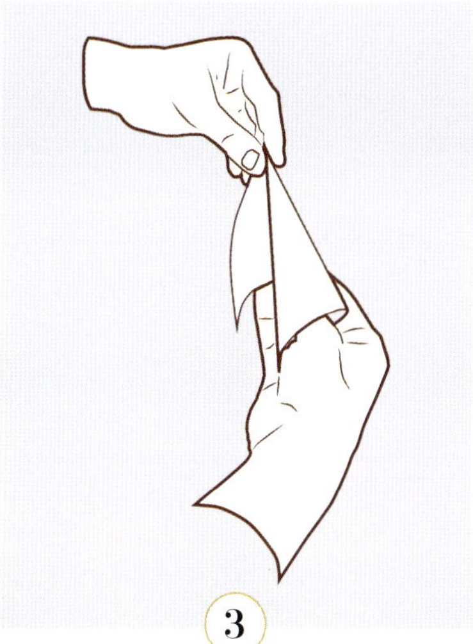

3

Avec votre main droite, faites pivoter l'angle gauche de la feuille et amenez-le vers le côté droit pour former un cône. Il faut que la pointe du cône soit fermée pour ne pas laisser le chocolat couler lors du remplissage.

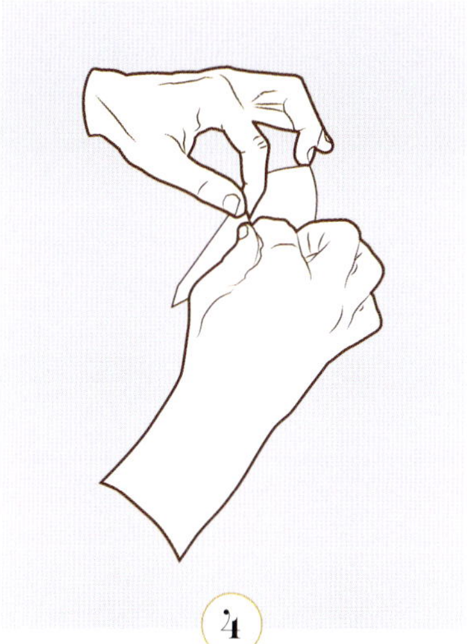

4

Repliez à l'intérieur la pointe de la partie que vous venez d'enrouler pour faire en sorte que le cornet ne se déroule pas.

5

Remplissez le cornet de chocolat tempéré aux trois quarts. Serrez le papier sur la partie haute et pliez en plusieurs fois. Coupez la pointe pour écrire ou réaliser des dessins.

SABLÉS DE NOËL CHOCOLAT-ÉPICES

POUR 15 À 20 SABLÉS

Temps de préparation : 15 minutes
Temps de cuisson : 10 minutes

INGRÉDIENTS

250 g de farine • 4 cuil. à café de cacao en poudre
1 cuil. à soupe de mélange de quatre-épices
125 g de sucre de canne • 1 pincée de sel
125 g de beurre • 1 œuf

MATÉRIEL

Emporte-pièces en forme de flocon de neige, étoile, sapin...

1. Préchauffez le four à 180 °C (th. 6).
2. Dans un saladier, tamisez la farine, le cacao et les épices. Ajoutez le sucre et le sel. Puis incorporez le beurre coupé en petits morceaux et mélangez l'ensemble à la main (ou à la feuille du batteur).
3. Ajoutez enfin l'œuf et mélangez afin d'obtenir une pâte homogène.
4. Formez une boule de pâte et abaissez-la au rouleau à pâtisserie.
5. À l'aide d'emporte-pièce de différentes formes, réalisez les sablés.
6. Déposez-les sur une plaque recouverte de papier cuisson et enfournez pour environ 10 minutes, selon la taille des sablés.

TRUFFES AU CHOCOLAT

POUR 25 TRUFFES

Temps de préparation : 15 minutes
Temps de repos : quelques heures

INGRÉDIENTS

250 g de chocolat intense (70 %) • 120 g de beurre
100 g de sucre glace • 2 jaunes d'œufs
40 g de cacao non sucré

1. Dans une casserole, faites fondre à feu doux le chocolat et le beurre.
2. Hors du feu, laissez tiédir le mélange, puis ajoutez le sucre glace et les jaunes d'œufs.
3. Quand la pâte est lisse, laissez-la reposer quelques heures. À l'aide d'une petite cuillère, formez des boules, puis roulez-les dans le cacao.
4. Conservez au frais avant de déguster.

Lindt
DESSERT
200g

NID DE PÂQUES CHOCOLAT-CARAMEL

POUR 10 À 12 PERSONNES

Temps de préparation : 20 minutes
Temps de cuisson : 35 minutes

INGRÉDIENTS

130 g de beurre • 3 œufs • 125 g de sucre
15 cl de crème liquide • 250 g de farine
1 sachet de levure • 130 g de nappage caramel
75 g de pépites de chocolat noir

Pour la ganache : 250 g de chocolat intense (70 %)
250 g de crème liquide entière • 50 g de beurre

Pour la décoration : 10 g de chocolat au lait
Petits oeufs en chocolat • Décors en chocolat (voir technique p. 152)

MATÉRIEL

Moule à savarin de 22 cm de diamètre • Grille

1. Préchauffez le four à 180 °C (th. 6).
2. Faites fondre le beurre et réservez-le.
3. Fouettez les œufs avec le sucre jusqu'à ce que le mélange blanchisse. Versez la crème liquide en mélangeant bien, puis incorporez la farine et la levure tamisées, le caramel et enfin le beurre fondu refroidi. Terminez par les pépites de chocolat.
4. Versez la préparation dans le moule préalablement beurré. Baissez la température du four à 160 °C (th. 5-6) et enfournez pour 30 à 35 minutes de cuisson.
5. Préparez la ganache qui servira pour le décor : hachez le chocolat dans un saladier, portez la crème à ébullition, versez sur le chocolat, patientez quelques secondes et mélangez à la maryse. Une fois le mélange homogène, ajoutez le beurre.
6. Une fois le gâteau refroidi, déposez-le sur une grille, nappez-le avec la ganache et laissez-le figer un peu à température ambiante, puis placez-le dans le haut du réfrigérateur.
7. Au moment de servir, décorez-le avec des copeaux de chocolat au lait, des petits œufs et un décor en chocolat.

Lindt
LAPIN OR
Chocolat au lait

PROFITEROLES

POUR 15 CHOUX

Temps de préparation : 30 minutes
Temps de cuisson : 20 minutes

INGRÉDIENTS

Pour la pâte à choux : 100 g d'eau • 1 g de sel
1 cuil. à café de sucre en poudre
30 g de beurre demi-sel en morceaux • 60 g de farine • 2 œufs

Pour la sauce au chocolat : 100 g de chocolat (51 %)
100 g de crème liquide entière

Pour le montage : 150 g de glace à la vanille

MATÉRIEL

Poche à douille

1. Commencez par la préparation de la pâte à choux.
2. Préchauffez le four à 200 °C (th. 6-7).
3. Placez l'eau, le sel, le sucre en poudre et le beurre dans une casserole. Portez à ébullition jusqu'à ce que le beurre soit fondu.
4. Ajoutez la farine et mélangez vivement hors du feu.
5. Ajoutez les œufs un par un et mélangez bien jusqu'à l'obtention d'une pâte lisse et homogène.
6. Coupez le coin de la poche à douille et versez-y la pâte. Dressez 15 petits choux en quinconce sur une plaque recouverte de papier cuisson et enfournez pour 20 minutes, jusqu'à ce qu'ils soient dorés.
7. Ouvrez la porte du four quelques secondes à mi-cuisson pour évacuer toute la vapeur. Laissez refroidir.
8. Continuez avec la préparation de la sauce au chocolat. Dans un saladier, cassez le chocolat en morceaux. Dans une casserole, faites chauffer la crème jusqu'à l'apparition de petites bulles et versez-la sur le chocolat. Attendez quelques secondes et remuez avec une maryse en partant du centre pour obtenir une sauce lisse.
9. Une fois les choux bien refroidis, coupez-les en deux et garnissez-les de glace à la vanille, puis versez dessus la sauce au chocolat.
10. Dégustez !

SEMIFREDDO

POUR 10 À 12 PERSONNES

Temps de préparation : 15 minutes
Temps de repos : 1 nuit

INGRÉDIENTS

330 g de chocolat (51 %) • 4 œufs
50 g de sucre en poudre • 50 cl de crème liquide entière
1 grosse meringue achetée chez le boulanger

Pour la ganache : 60 g de chocolat intense (70 %)
60 g de crème liquide entière • 10 g de beurre

MATÉRIEL

Moule à cake ou à bûche de 30 cm

1. Beurrez le moule et tapissez-le de film alimentaire.
2. Faites fondre 250 g de chocolat noir et laissez-le refroidir de côté.
3. Séparez les blancs des jaunes d'œufs, puis fouettez les blancs bien fermes et réservez-les.
4. Versez les jaunes d'œufs et le sucre en poudre dans un saladier et fouettez vivement jusqu'à ce que le mélange blanchisse, puis incorporez le chocolat refroidi.
5. Ajoutez la crème et fouettez jusqu'à ce que le mélange soit homogène. Enfin, incorporez délicatement les blancs d'œufs avec une maryse.
6. Versez le mélange dans le moule préparé et lissez le dessus. Déposez dessus le chocolat haché restant et la moitié de la meringue coupée en gros morceaux. Couvrez de film alimentaire et placez au congélateur toute une nuit (minimum 4 heures).
7. Préparez la ganache pour décorer le gâteau : hachez le chocolat dans un bol, faites chauffer la crème et versez-la sur le chocolat. Patientez quelques secondes avant de mélanger délicatement à la maryse pour ne pas incorporer d'air, et enfin ajoutez le beurre.
8. Sortez le moule du congélateur juste avant de servir. Retournez délicatement le semifreddo sur un plat de service. Faites couler la ganache sur le semifreddo congelé, décorez du reste de meringue. Servez immédiatement.

PAVLOVA FAÇON FORÊT NOIRE

POUR 8 À 10 PERSONNES

Temps de préparation : 30 minutes
Temps de cuisson : 1 h 30

INGRÉDIENTS

Pour la meringue : 3 blancs d'œufs • 100 g de sucre
100 g de sucre glace • 2 cuil. à soupe de cacao non sucré

Pour la crème chantilly : 50 g de chocolat noir à 70 %
30 cl de crème liquide entière • 2 cuil. à soupe de café fort (expresso) froid
200 g de mascarpone • 1 cuil. à soupe de sucre glace
200 g de griottes au sirop (ou surgelées) • 20 g de chocolat noir

MATÉRIEL

Robot pâtissier ou fouet électrique

1. Préchauffez le four à 90 °C (th. 3).
2. Commencez par préparer la meringue : montez les blancs en neige très ferme. Lorsqu'ils sont bien épais et blancs, ajoutez le sucre et continuez à battre environ 2 minutes pour obtenir des blancs bien nacrés.
3. Ajoutez le sucre glace avec une petite passoire et mélangez de haut en bas avec une spatule pour bien l'incorporer. Finissez en ajoutant le cacao en mélangeant partiellement à la spatule pour conserver des stries.
4. Façonnez la meringue avec la spatule en la déposant sur une plaque recouverte de papier cuisson et en formant un rond qui sera la base du gâteau.
5. Enfournez pour 1 h 30, puis laissez refroidir à température ambiante.
6. Pour la crème chantilly, fouettez la crème liquide et le café au batteur électrique pendant 5 minutes pour qu'elle épaississe. Ajoutez le mascarpone (préalablement battu pour qu'il soit moins compact) et le sucre glace, et continuez à battre jusqu'à obtenir une chantilly bien épaisse.
7. Égouttez les cerises et préparez les copeaux de chocolat à l'économe.
8. Passez au dressage : déposez la chantilly sur la meringue, puis les cerises et finissez avec les copeaux de chocolat.

BUNDT CAKE CHOCOLAT-NOISETTES

POUR 12 PERSONNES

Temps de préparation : 15 minutes • Temps de cuisson : 30 minutes

INGRÉDIENTS

120 g de chocolat (51 %) • 70 g de beurre • 2 œufs • 125 g de sucre
100 g de farine • 50 g de poudre de noisettes • 6 g de levure chimique
2 cuil. à soupe à de cacao en poudre non sucré • 10 cl de lait
Des noisettes concassées pour la décoration

Pour la ganache : 75 g de chocolat intense (70 %)
75 g de crème liquide entière • 15 g de beurre

MATÉRIEL

Robot pâtissier ou fouet électrique
Moule à bundt cake de 25 cm de diamètre • Grille

1. Préchauffez le four à 180 °C (th. 6).
2. Dans une casserole, faites fondre le beurre et le chocolat à feu doux.
3. Séparez les blancs des jaunes d'œufs. Dans un saladier, fouettez les jaunes d'œufs et le sucre jusqu'à ce que le mélange blanchisse.
4. Incorporez la farine, la poudre de noisettes, la levure chimique, le cacao amer, puis ajoutez le lait et enfin le chocolat fondu.
5. Montez les blancs en neige très ferme. Incorporez-les délicatement à la préparation, sans les casser, avec une maryse ou une cuillère en bois.
6. Beurrez et farinez le moule à bundt cake. Versez la pâte dedans et enfournez pour 30 minutes. Démoulez le gâteau et laissez-le refroidir sur une grille à pâtisserie.
7. Pendant ce temps, préparez la ganache pour le nappage : hachez le chocolat dans un saladier, portez la crème à légère ébullition et versez-la sur le chocolat. Attendez quelques secondes, puis mélangez délicatement à la maryse. Enfin, incorporez le beurre.
8. Une fois le gâteau refroidi, versez la ganache dessus, parsemez de noisettes concassées et dégustez.

200g
Lindt
DESSERT
Le 70% CACAO
Noir Intense
Pâtissez chez vous comme un chef
FABRIQUÉ EN FRANCE
Lindt DESSERT 70% CACAO INTENSE

INDEX DES RECETTES

B

Babka chocolat-noisettes 132
Barres de chocolat 122
Brookie 90
Brownie aux noix de pécan 86
Brownie blond chocolat-café 88
Bûche roulée chocolat-noisettes 146
Bundt cake chocolat-noisettes 168

C

Cake banane-chocolat 106
Cannelés au chocolat 82
Charlotte au chocolat 28
Cheesecake au chocolat 62
Chocolat chaud 138
Chouquettes aux pépites de chocolat 108
Cœur coulant au caramel au beurre salé 20
Cœur coulant au chocolat au lait 18
Cœur coulant au fruit de la Passion 22
Cookies chocolat au lait-amandes 74
Cookies chocolat noir-noisettes 70
Crème au chocolat façon mendiant 54
Crème au chocolat noir et agrumes 52
Crème brûlée au chocolat 44
Crêpes au chocolat 126
Crumble poire, noix et chocolat 30

F

Financiers aux pépites de chocolat 80
Flan chocolat noir 26
Fondant au chocolat 10
Fondue au chocolat 58

G

Gâteau d'anniversaire lapin 142
Gaufres au chocolat 124
Granola au chocolat 118

L

Liégeois au chocolat 56

M

Madeleines aux pépites de chocolat 78

Madeleines coque au chocolat 76
Marbré 100
Mini-moelleux chocolat-courgette 16
Moelleux au chocolat 14
Moelleux chocolat crème de marrons 12
Mousse au chocolat noir et crêpes dentelle 50
Muffins chocolat au lait-noisette 114
Muffins chocolat noir-orange 68

N

Nid de Pâques chocolat-caramel 160

P

Pancakes au chocolat 136
Pâte à tartiner 128
Pavlova façon forêt noire 166
Petits choux au chocolat au lait 46
Profiteroles 162

Q

Quatre-quarts aux pépites de chocolat 104

R

Rochers coco 92

S

Sablés de Noël chocolat-épices 154
Sablés tout chocolat 94
Sablés type domino 96
Scones aux pépites de chocolat 116
Semifreddo 164
Spritz 98

T

Tarte au chocolat 32
Tarte Bourdaloue au chocolat 36
Tarte chocolat-caramel 40
Tarte rustique bananes-chocolat 38
Truffes au chocolat 156

Z

Zebra cake 102

INDEX PAR PRODUITS

A

Amande 36, 54, 74, 118, 122, 144
Amande (en poudre) 16, 30, 36, 80, 86
Avoine (flocons) 30, 70, 118, 122

B

Banane 38, 106
Biscuit à la cuillère 26

C

Cacao en poudre 36, 40, 46, 94, 102, 118, 132, 138, 154, 156, 166, 168
Café 88, 166
Cannelle 118
Caramel au beurre salé 20
Chocolat au lait 18, 46, 74, 78, 98, 114, 136, 146
Chocolat blanc 62, 142, 146
Chocolat noir (51%) 10, 12, 14, 16, 18, 20, 22, 24, 26, 28, 30, 32, 40, 50, 54, 58, 62, 70, 76, 80, 82, 86, 90, 92, 96, 100, 104, 106, 108, 116, 118, 122, 124, 126, 128, 130, 132, 138, 142, 146, 150, 152, 160, 164, 166, 168
Chocolat noir (70 %) 28, 32, 38, 44, 52, 68, 88, 94, 156, 160, 164, 166, 168
Citron 38, 40
Courgette 16
Crème fraîche 58, 62
Crème liquide 18, 20, 22, 26, 32, 40, 44, 46, 52, 54, 94, 122, 128, 138, 146, 160, 164, 168
Crème de marrons 12
Crêpes dentelle 50

F

Fruit de la Passion 22

G

Glace à la vanille 162
Graines de tournesol 70
Griotte 166

H

Huile de coco 122

M

Mascarpone 166
Meringue 164

N

Nappage caramel 160
Noisette 32, 38, 54, 70, 114, 118, 122, 132, 144, 146
Noisette (en poudre) 38, 100, 128, 168
Noix 30, 88
Noix de coco râpée 92, 122
Noix de pécan 86, 90

O

Orange 52, 68

P

Pamplemousse 52
Pâte à tartiner chocolat-noisettes 142, 146
Pistache 54
Poire 30, 36

Q

Quatre-épices 154

R

Rhum 26

S

Sirop d'érable 88, 118
Spéculoos 62

V

Vanille (extrait) 102

Lindt
DESSERT
200g

REMERCIEMENTS

Je remercie Chloë Prestwich, Émilie Franc et l'équipe Lindt
de m'avoir confié ce projet : j'ai pris beaucoup de plaisir
à penser ce livre et à réaliser ces recettes gourmandes.

Je remercie également Pauline Lavatine pour son aide si précieuse en cuisine.

Et bien sûr, un immense merci à Fabrice Veigas
pour ses magnifiques photos réalisées dans la bonne humeur.

Enfin, un grand merci à tous mes testeurs :
Marie, Olivier, Gaspard, Carlo, Isabelle, Aaron, Hannah,
Chloé, Thibault, sans oublier Vincent, Jeanne et Soline.

Marie Élodie Pape

Images p. 2 à 5 : Lindt & Sprüngli, Portrait d'Arnaud Ragot p. 5 : Fabrice Veigas

Illustrations p. 153 : Denis Chabrillanges

Introduction de Jessica Mignot

Direction de la publication : Isabelle Jeuge-Maynart et Ghislaine Stora

Direction éditoriale : Émilie Franc

Direction artistique : Géraldine Lamy

Édition : Chloë Prestwich

Couverture : Bastien Gelas

Conception graphique et mise en pages : Camille de Montmorillon

Préparation de copie : Clémentine Sanchez

Relecture : Julie Bez

Fabrication : Émilie Latour

ISBN : 978-2-03-600998-1

Photogravure : Chromostyle

Imprimé en Espagne par Macrolibros

Dépôt légal : octobre 2021

328843/01 - 11047580 - août 2021

PAPIER À BASE DE FIBRES CERTIFIÉES

LAROUSSE s'engage pour l'environnement en réduisant l'empreinte carbone de ses livres. Celle de cet exemplaire est de :
1,5 kg éq. CO_2
Rendez-vous sur www.larousse-durable.fr